D1994709

Kohlhammer

Kompass Recht

herausgegeben von Dieter Krimphove

Gesellschaftsrecht

von

Dr. Michael Beurskens,
LL.M. (Gewerblicher Rechtsschutz),
LL.M. (University of Chicago),
Attorney at Law (New York)

2., neu bearbeitete und aktualisierte Auflage

Verlag W. Kohlhammer

Inhalt der beiliegenden CD-ROM:

- Gesetzestexte
- Gerichtsentscheidungen
- Statische und interaktive Fälle
- Hörfassung des Buchinhalts in MP3 (DAISY)
- Multiple-Choice-Test
- Übersichten

Die in dem Werk verwendeten Symbole bedeuten:

✎ = Prüfungstipps für Studenten

☞ = Tipps für Praktiker

§ = Gesetzestext

◎ = Weiterführender bzw. ergänzender Text auf der CD-ROM

2. Auflage 2014

Gesamtherstellung: W. Kohlhammer GmbH, Stuttgart

Print:
ISBN: 978-3-17-025320-9

Vorwort zur 2. Auflage

Nach drei Jahren erscheint diese kurze Darstellung des Gesellschaftsrechts nun in der zweiten Auflage. Seit der ersten Auflage haben mich viele Anregungen und Verbesserungsvorschläge erreicht, die ich gerne aufgenommen habe. Gleichzeitig habe ich die Gelegenheit genutzt, die Darstellung an einigen Stellen zu straffen und an anderen zu vertiefen. Für Ihre Unterstützung danke ich Dominik Pietzarka, Henning Röser, Vivien Eggert und Richard Jansen.

Zudem galt es, aktuelle Entwicklungen aus Rechtsprechung und Gesetzgebung aufzuarbeiten. Unverändert geblieben ist das Ziel, einen Überblick über das gesamte Gesellschaftsrecht zu geben unter besonderer Berücksichtigung der praktisch relevanten Fragen und typischer Klausurprobleme. Dabei ist die parallele Lektüre des Gesetzes unverzichtbar, ebenso sollten unbedingt die in digitaler Form verfügbaren Entscheidungen, Übersichten und Klausuren angesehen werden. Nur in dieser Gesamtheit kann der volle Lernerfolg erzielt werden. Auch weiterhin freue ich mich auf Anregungen und Kritik, Sie erreichen mich unter beurskens@hhu.de oder über Facebook und Twitter.

Düsseldorf, im März 2014 — Michael Beurskens

Vorwort zur 1. Auflage

Das Gesellschaftsrecht erschließt sich nur bedingt anhand der gesetzlichen Regelungen. Das umfangreiche Werk von *Karsten Schmidt* zeigt die beachtliche wissenschaftliche Durchdringung dieses Rechtsgebiets.

Das vorliegende, kompakte Werk konzentriert sich demgegenüber auf Gemeinsamkeiten und allgemeinen Grundsätze. Dadurch findet der Leser einen sicheren Ausgangspunkt, der nicht nur nachvollziehbar, sondern vor allem einprägsam ist. Statt die Entwicklung im Detail darzulegen, werden typische Regelungen erläutert und gegenübergestellt. Zahlreiche Verweise erleichtern das wichtige Systemverständnis.

Das Buch beschränkt sich nicht auf typische Fragen aus Rechtsklausuren – es soll auch eine Orientierung für Unternehmer bieten und allgemein ein Verständnis des geltenden Gesellschaftsrechts für jedermann ermöglichen. Dementsprechend werden nicht nur die Personen(handels)gesellschaften erörtert, sondern auch eher seltene Rechtsformen wie die Genossenschaft oder die EWIV; auch die britische Limited wird kurz dargestellt.

Ein weiterer wichtiger Aspekt des vorliegenden Werks ist die Integration von Rechtsprechung mit Hilfe der beiliegenden CD. Gerade das Gesellschaftsrecht ist durch „Case Law" geprägt. Insoweit hilft es, wichtige Entscheidungen im (zur besseren Lektüre gekürzten) Originalwortlaut nachzulesen. Darüber hinaus finden sich auf der beiliegenden CD auch die einschlägigen Gesetzestexte, etliche Multiple-Choice-Fragen und insgesamt fast 20 Klausurfälle. Darüber hinaus enthält die CD vertiefende Texte zu Fragen des Handelsrechts, die thematisch untrennbar mit dem Gesellschaftsrecht verbunden sind. Dies kann und soll aber nicht die Lektüre spezifischer Bücher, insbes. dem ebenfalls in dieser Reihe erschienenen Werk zum Handelsrecht, nicht ersetzen.

Désirée Roskothen hat – nicht nur – durch viele gute Ideen dazu beigetragen, dass dieses Buch verständlich, aber trotzdem umfassend wurde. Nora Zabel danke ich für die mühsame Zusammenstellung der Inhalte der CD; Lisa Guntermann hat das Manuskript darüber hinaus durch zahlreiche Verbesserungsvorschläge und Korrekturen unterstützt. Sämtliche verbleibende Fehler und Ungenauigkeiten fallen allein in meine Verantwortung.

Viel Freude beim Lesen und Erfolg beim Lernen!

Düsseldorf, im Frühjahr 2010 Michael Beurskens

Inhaltsverzeichnis

Abkürzungsverzeichnis

Abs.	Absatz
AG	Aktiengesellschaft
AktG	Aktiengesetz
AO	Abgabenordnung
arg. ex	Argument aus (argumentum ex)
Art.	Artikel
BGB	Bürgerliches Gesetzbuch
BGH	Bundesgerichtshof
BörsG	Börsengesetz
bzw.	beziehungsweise
d. h.	das heißt
DepotG	Gesetz über die Verwahrung und Anschaffung von Wertpapieren
e. V.	eingetragener Verein
EG	Europäische Gemeinschaft
etc.	und so weiter (et cetera)
EU	Europäische Union
evtl.	eventuell
EWG	Europäische Wirtschaftsgemeinschaft (frühere Bezeichnung der EG)
EWIV	Europäische wirtschaftliche Interessenvereinigung
EWR	Europäischer Wirtschaftsraum
f.	Folgende(-r) (einzelne)
FamFG	Gesetz über das Verfahren in Familiensachen und in den Angelegenheiten der freiwilligen Gerichtsbarkeit
ff.	folgende (mehrere)
GbR	Gesellschaft bürgerlichen Rechts
GEMA	Gesellschaft für musikalische Aufführungs- und mechanische Vervielfältigungsrecht
GenG	Genossenschaftsgesetz
GG	Grundgesetz
GmbH	Gesellschaft mit beschränkter Haftung

GmbHG	Gesetz betreffend die Gesellschaften mit beschränkter Haftung
GWB	Gesetz gegen Wettbewerbsbeschränkungen
HGB	Handelsgesetzbuch
HS	Halbsatz
i. G.	in Gründung
i. S. v.	im Sinne vom
i. V. m.	in Verbindung mit
insbes.	insbes.
InsO	Insolvenzordnung
KG	Kommanditgesellschaft, Kammergericht
KGaA	Kommanditgesellschaft auf Aktien
lit.	litera (Buchstabe)
Ltd.	Limited
Mio.	Millionen
MitbestG	Gesetz über die Mitbestimmung der Arbeitnehmer
MoMiG	Gesetz zur Modernisierung des GmbH-Rechts und zur Bekämpfung von Missbräuchen
Nr.	Nummer
OHG	Offene Handelsgesellschaft
PartGG	Gesetz über Partnerschaftsgesellschaften Angehöriger Freier Berufe
plc	Public liability Company (britische Aktiengesellschaft)
Rn	Randnummer
S.	Seite, Satz
SCE	Societas Cooperative Europaea (europäische Genossenschaft)
SE	Societas Europaea (europäische Aktiengesellschaft)
sog.	sogenannte(-r)
StGB	Strafgesetzbuch
u. a.	unter anderem
u. U.	unter Umständen
UG (haftungsbeschränkt)	Unternehmergesellschaft (haftungsbeschränkt)
US	United States (Vereinigte Staaten)
UmwG	Umwandlungsgesetz
Var.	Variante
VG	Verwertungsgemeinschaft

vgl.	vergleiche
VO	Verordnung
VVaG	Versicherungsverein auf Gegenseitigkeit
WpHG	Wertpapierhandelsgesetz
WpPG	Wertpapierprospektgesetz
WpÜG	Wertpapiererwerbs- und Übernahmegesetz
z. B.	zum Beispiel
z. T.	zum Teil
ZPO	Zivilprozessordnung

Literaturverzeichnis

1. Lehrbücher zum Handels- und Gesellschaftsrecht

Bitter, Georg, Gesellschaftsrecht, 2. Aufl., München 2013.
Bitter, Georg/Schumacher, Florian, Handelsrecht, 1. Aufl., München 2011
Brox, Hans/Henssler, Martin, Handelsrecht, 21. Aufl., München 2011.
Bülow, Peter, Handelsrecht, 6. Aufl., Heidelberg 2009.
Canaris, Claus-Wilhelm, Handelsrecht, 24. Aufl., München 2006.
Drygala, Tim/Staake, Marco/Szalai, Stephan, Kapitalgesellschaftsrecht, 1. Aufl., Berlin 2012.
Eisenhardt, Ulrich/Wackerbarth, Ulrich, Gesellschaftsrecht I – Recht der Personengesellschaft, 15. Aufl., Heidelberg 2011.
Emmerich, Volker/Habersack, Mathias, Konzernrecht, 10. Aufl., München 2013.
Fleischer, Holger, Handelsrecht, 9. Aufl., München 2014
Förster, Christian, Gesellschaftsrecht, 1. Aufl., Heidelberg 2012.
Grunewald, Barbara, Gesellschaftsrecht, 8. Aufl., Tübingen 2011.
Hopt, Klaus/Hehl, Günther, Gesellschaftsrecht, 5. Aufl., München 2013.
Hüffer, Uwe/Koch, Jens, Gesellschaftsrecht, 8. Aufl., München 2011.
Jung, Peter, Handelsrecht, 9. Aufl., München 2012.
Kindl, Johann, Gesellschaftsrecht, 1. Aufl., Baden-Baden 2011.
Kindler, Peter, Grundkurs Handels- und Gesellschaftsrecht, 6. Aufl., München 2012.
Klunzinger, Eugen, Grundzüge des Gesellschaftsrechts, 16. Aufl., München 2012.
Klunzinger, Eugen, Grundzüge des Handelsrechts, 14. Aufl., München 2011.
Krimphove, Dieter, Handelsrecht, 1. Aufl., Stuttgart 2010.
Kübler, Friedrich/Assmann, Heinz-Dieter, Gesellschaftsrecht, 6. Aufl., Heidelberg 2006.
Lettl, Tobias, Handelsrecht, 2. Aufl., München 2011.
Maties, Martin/Wank, Rolf, Handels- und Gesellschaftsrecht, 3. Aufl., München 2013.
Mock, Sebastian, Gesellschaftsrecht, 1. Aufl., München 2014.
Oetker, Hartmut, Handelsrecht, 6. Aufl., Berlin 2010.
Petersen, Jens, Examinatorium Allgemeiner Teil des BGB und Handelsrecht, 1. Aufl., Berlin 2013.
Roth, Günter/Weller, Marc-Philippe, Handels- und Gesellschaftsrecht, 8. Aufl., München 2013.
Saenger, Ingo, Gesellschaftsrecht, 2. Aufl., München 2013.
Schade, Lutz, Handels- und Gesellschaftsrecht, 2. Aufl., Heidelberg 2012.
Schäfer, Carsten, Gesellschaftsrecht, 3. Aufl., München 2013.
Schmidt, Karsten, Gesellschaftsrecht 4. Aufl., Köln 2002.
Tegen, Thomas/Reul, Adolf/Heidinger, Andreas/Tersteegen, Jens, Unternehmensrecht, 1. Aufl., München 2009.
Teichmann, Artur, Handelsrecht, 3. Aufl., Stuttgart 2013.
Teichmann, Christoph, Kapitalgesellschaftsrecht, 1. Aufl., Berlin 2014.

Timm, Wolfram/Schöne, Torsten, Handels- und Wirtschaftsrecht Band I: Pflichtfachstoff, 3. Aufl., München 2004.

Timm, Wolfram/Schöne, Torsten, Handels- und Wirtschaftsrecht Band II: Wahlfachstoff, 2. Aufl., München 2002.

Timme, Michael, HGB Crashkurs, 1. Aufl., München 2012.

Wackerbarth, Ulrich/Eisenhardt, Ulrich, Gesellschaftsrecht II – Recht der Kapitalgesellschaften, 1. Aufl., Heidelberg 2013.

Wank, Rolf, Handels- und Gesellschaftsrecht, 2. Aufl., Köln 2010.

Wien, Andreas, Handels- und Gesellschaftsrecht, 1. Aufl., Berlin 2013.

Wilhelm, Jan, Kapitalgesellschaftsrecht, 3. Aufl., München 2009.

Windbichler, Christine, Gesellschaftsrecht, 23. Aufl., München 2013.

Wörlen, Rainer/Kokemoor, Axel, Handelsrecht mit Gesellschaftsrecht, 11. Aufl., München 2012.

2. Fallsammlungen zum Handels- und Gesellschaftsrecht

Armbrüster, Christian, Fallsammlung zum Gesellschaftsrecht, 3. Aufl., Berlin 2013.

Brauer, Markus, Übungen im Kapitalgesellschaftsrecht mit Bezügen zum Kapitalmarktrecht, 1. Aufl., Berlin 2005.

Eisenmann, Hartmut/Quittnat, Joachim/Tavakoli, Anusch, Rechtsfälle aus dem Wirtschaftsprivatrecht, 9. Aufl., Heidelberg 2011.

Fezer, Karl-Heinz, Klausurenkurs im Handelsrecht, 6. Aufl., Heidelberg 2013

Käpplinger, Markus, Fälle mit Lösungen aus dem GmbH-, Aktien- und Konzernrecht, 4. Aufl., München 2014.

Lettl, Tobias, Fälle zum Gesellschaftsrecht, 2. Aufl., München 2013.

Lettl, Tobias, Fälle zum Handelsrecht, 2. Aufl., München 2013.

Möller, Christian/Ehricke, Ulrich, Das Handels- und Gesellschaftsrecht in Fällen, 1. Aufl., Stuttgart 2013.

Müller-Laube, Hans Martin, 20 Probleme aus dem Handels- und Gesellschaftsrecht, 4. Aufl., München 2017.

Noack, Ulrich/Casper, Matthias/Schäfer, Carsten, Gesellschaftsrecht case by case, 1. Aufl., Stuttgart 2006.

Preußer, Julia, Gesellschaftsrecht – Prüfungswissen, Multiple-Choice-Tests, Klausurfälle, 6. Aufl., Freiburg 2012.

Saar, Stefan/Müller, Ulf, 35 Klausuren aus dem Handels- und Gesellschaftsrecht, 3. Aufl., München 2006.

Schade, Friedrich/Teufer, Andreas/Krause, Sebastian, Fälle zum Wirtschaftsprivatrecht, 2. Aufl., Stuttgart 2012.

Schwabe, Winfried/Pelzer, Melanie, Handels- und Gesellschaftsrecht, 5. Aufl., Stuttgart 2013.

Timm, Wolfram/Schöne, Torsten, Fälle zum Handels- und Gesellschaftsrecht Bd. I, 9. Aufl., München 2014 / Bd. II, 8. Aufl., München 2014.

Wiedemann, Herbert/Frey, Kaspar, Prüfe Dein Wissen Gesellschaftsrecht, 8. Aufl., München 2012.

1. Kapitel **Grundlagen**

I. Grundbegriffe

Das Gesellschaftsrecht ist keine sozialwissenschaftliche Disziplin. Gemeint sind vielmehr privatrechtliche Organisationen von Personen. Solche „Gesellschaften" prägen unser Leben: Aktiengesellschaften, GmbHs, Sportvereine, Gewerkschaften und Parteien – stets handelt es sich im rechtlichen Sinne um „Gesellschaften". Sogar alltägliche Sachverhalte können dem Gesellschaftsrecht unterfallen – etwa, wenn die Skatrunde, die im Laufe eines Jahres aufgelaufenen Gewinne bzw. Verluste für ein gemeinsames Abendessen in einem Restaurant oder eine gemeinsame Urlaubsreise verwenden will. **1**

Welche Gemeinsamkeiten rechtfertigen es, diese doch sehr unterschiedlichen Erscheinungsformen **gemeinsam** in einem eigenen Rechtsgebiet zu behandeln? **2**

- Alle Gesellschaften entstehen durch **Verträge**. Sie sind damit abzugrenzen von Verbänden, in denen eine Zwangsmitgliedschaft besteht. **3**

> **Beispiel:** **4**
> Jedem steht es frei, durch Vertrag einem Verein beizutreten. Demgegenüber hat man nicht die Möglichkeit, als Anwalt (§ 60 BRAO) bzw. Arzt (§ 2 Abs. 1 HeilBerG NW) zu praktizieren, ohne Mitglied in den jeweiligen Kammern zu sein. Auch in der Industrie- und Handelskammer wird man Zwangsmitglied (§ 2 IHKG). „Zwangsweise" wird man schließlich Mitglied in einer Erbengemeinschaft (§ 2032 BGB) – wenn jemand stirbt und mehrere Erben hinterlässt, haben diese nur die Möglichkeit, das Erbe ganz auszuschlagen (§ 1942 BGB) oder aber Mitglied dieser Erbengemeinschaft zu werden.

- Jede Gesellschaft dient einem bestimmten **Zweck**. Dieser Zweck darf nicht nur von einzelnen Beteiligten erhofft sein, sondern muss von allen **gemeinsam verfolgt** werden. Dies ist anders als bei anderen Verträgen, bei denen jeder Beteiligte seine eigenen Zwecke unabhängig von dem anderen verfolgt. **5**

6 **Beispiel:**
Ein Schützenverein mag „das Brauchtum fördern", eine Aktiengesellschaft kann etwa „Medikamente herstellen und vertreiben", ein Küchenstudio „Küchen vertreiben und montieren", etc. Diese Zwecke werden durch die Beteiligten einerseits durch Beitragleistung gefördert (d. h. Übernahme einer einmaligen Einlagepflicht bei Gründung der AG, Zahlung regelmäßiger Mitgliedsbeiträge im Verein, etc.), andererseits aber auch dadurch, dass die Beteiligten nicht bewusst die Tätigkeit der Gesellschaft behindern dürfen („Treupflicht").
Bei einem Kaufvertrag will der Käufer die Sache für einen möglichst geringen Kaufpreis erwerben, während der Verkäufer die Sache für einen möglichst hohen Erlös verkaufen will. Bei einem Darlehensvertrag will der Darlehensgeber sein Geld zurückerhalten (und meistens möglichst hohe Zinsen bekommen), der Darlehensnehmer will die Darlehensvaluta für möglichst lange Zeit behalten (und geringe Zinsen zahlen). Bei einer Schenkung will der Beschenkte das Geschenk erhalten, der Schenker will dem Schenker etwas Gutes tun.

7 • Weiterhin handelt es sich um „Organisationen" bzw. „Gruppen" von Personen. Hinter einer Gesellschaft stehen regelmäßig **mehrere Individuen**, seien es „Gesellschafter" (z. B. in einer GmbH), „Mitglieder" (z. B. bei einem Verein) oder „Aktionäre" (z. B. in einer Aktiengesellschaft). Es werden das Vermögen und die Interessen der Betroffenen gebündelt. Dass dies sehr sinnvoll sein kann, zeigt sich besonders bei der Aktiengesellschaft.

8 **Beispiel:**
Es soll eine Fabrik gebaut werden. Die Errichtung kostet 127 Mio €. Nur wenige Menschen haben so viel Geld zur Verfügung und die Bauarbeiter werden sich regelmäßig nicht mit einer späteren Beteiligung an bloß erhofften Gewinnen zufrieden geben. Auch eine Bank wird nur gegen Sicherheiten (z. B. Grundschulden an sehr wertvollen Grundstücken) und gegen hohe Zinsen ein Darlehen gewähren.
Die Lösung besteht darin, dass sehr viele Personen jeweils einen geringen Geldbetrag (z. B. 1 Mio Menschen geben je 127 €) zahlen. Damit tragen sie nur ein geringes Risiko (falls die Produktion sich letztlich doch nicht rentiert), es gibt keine festen Zinsen (und damit keine Dauerbelastung) und Sicherheiten sind nicht erforderlich. Die Aktionäre sind nur am Gewinn beteiligt.

Keine Gesellschaft ist übrigens die **Stiftung**: Dabei wird Vermögen derart von seinem früheren Inhaber getrennt, dass dieser jede Berechtigung daran aufgibt. Eine Stiftung hat daher keine Mitglieder, Gesellschafter oder Aktionäre, sondern nur „Begünstigte", die aber keinen unmittelbaren Einfluss haben.
An einer Organisation fehlt es auch bei **„Zweigniederlassungen"** – also von reinen Betriebsstellen eines Unternehmens (etwa im Ausland): Diese gehören zu einem einheitlichen Unternehmen, meist einer Gesellschaft, sind aber selbst nicht eigene Gesellschaften. Für die Einrichtung solcher dauerhaften Niederlassungen von Unternehmen aus dem europäischen Ausland in Deutschland und von deutschen Gesellschaften in anderen EU-Mitgliedsstaaten gewährleistet die Zweigniederlassungsrichtlinie gewisse Mindesttransparenzstandards.

- Von dem soeben dargestellten Grundsatz, dass eine Gesellschaft immer aus mehreren Personen bestehen muss, gibt es freilich eine Ausnahme: Bestimmte Organisationsformen, z. B. die GmbH und die AG, können auch von einer einzelnen Person gegründet werden. Der Grund hierfür ist, dass diese Formen nicht nur der Bündelung von Vermögen und Interessen, sondern auch als **Schutzschild vor einer persönlichen Haftung** dienen. Soweit bei einer Gesellschaft diese strikte Trennung der Vermögensmassen vorliegt, nennt man sie „**juristische Person**". Neben AG und GmbH gilt dies insbes. auch für (eingetragene) Vereine. In anderen Gesellschaften gilt hingegen, dass alle (!) Beteiligten mit ihrem gesamten Privatvermögen unbeschränkt einstehen müssen (so bei der „Offenen Handelsgesellschaft" und der „Gesellschaft bürgerlichen Rechts") oder dies zumindest für einzelne Gesellschafter gilt (so bei der „Kommanditgesellschaft") – allesamt **„Gesamthandgesellschaften"**. 9

Beispiel: 10
Eine AG kauft für 100.000 € neue Dienstwagen. Die Bezahlung kann dann nur von der AG, nicht aber von den Aktionären oder dem Vorstand verlangt werden (§ 1 Abs. 1 S. 2 AktG).
Nichts anderes gilt, wenn eine Dachdecker-GmbH Ziegel bestellt und einbaut (§ 13 Abs. 2 GmbHG): Weder der Geschäftsführer noch die Gesellschafter müssen dann bezahlen ; es haftet nur die Gesellschaft selbst (die natürlich als solche in Insolvenz fallen kann). Schließlich haften auch Vereinsmitglieder und Vereinsvorstand nicht persönlich, wenn der Verein Verpflichtungen eingeht, die letztlich nicht aus dem Vereinsvermögen beglichen werden können.

11 • Damit Gesellschaften nach außen auftreten können, müssen sie als solche erst einmal „**handlungsfähig**" sein. Da es sich um Organisationen von (regelmäßig) mehreren Personen handelt, die als solche nicht handeln können, benötigen sie hierzu „**Organe**". Wie ein Mensch Gegenstände durch Arme und Beine beeinflusst, handelt auch eine Gesellschaft gegenüber Dritten nicht selbst, sondern durch Menschen, die sie repräsentieren. Dabei ist zu differenzieren zwischen der Abgabe rechtserheblicher Erklärungen (sog. „Willenserklärungen") und rein tatsächlichem Verhalten (etwa Werbeangaben über die von einem Unternehmen vertriebenen Produkte).

12 **Beispiel:**
Die Vertretung richtet sich nach den §§ 164 ff. BGB (Vertragsrecht Rn. 38 ff.), in Bezug auf bloß deliktisch relevante Handlungen ermöglicht erst § 31 BGB eine Schadensersatzhaftung der Gesellschaft. Wer ein solches „Organ" ist, ist je nach Gesellschaft verschieden: Für einen Verein (§ 26 BGB) oder eine Aktiengesellschaft (§ 78 AktG) handelt der Vorstand, für eine GmbH deren Geschäftsführer (§ 35 GmbHG), bei einer sog. „Gesellschaft bürgerlichen Rechts" wird grundsätzlich verlangt, dass alle Gesellschafter gemeinsam nach außen auftreten (§§ 709, 714 BGB).
Daneben gibt es Organe, die überwiegend intern auftreten. In der Aktiengesellschaft überwacht der Aufsichtsrat die Geschäfte, er tritt nach außen nur bei der Geltendmachung von Ersatzansprüchen gegen den Vorstand und bei der Bestellung der Vorstandsmitglieder und dem Abschluss der Dienstverträge mit diesen auf.
Keine Organe sind, obwohl sie nach außen auftreten, die Angestellten des Unternehmens, inkl. Prokuristen oder Handlungsbevollmächtigten. Diese leiten ihre (rechtsgeschäftliche) Vertretungsmacht von den Organen ab, haben diese aber nicht „originär", also unmittelbar aufgrund ihrer Position. Für sie wird nur im Rahmen von § 831 BGB bzw. bei Bestehen eines Schuldverhältnisses aufgrund der Zurechnung nach § 278 BGB gehaftet.
Nun gibt es allerdings auch Gesellschaften die nur „versteckt" agieren, nämlich im Innenverhältnis zwischen den Beteiligten. Soweit die Gesellschaft gegenüber Dritten nicht als „Gesellschaft" erscheint, sondern nur einer der Gesellschafter als Individuum in Erscheinung tritt, spricht man von einer „**Innengesellschaft**" (unten Rn. 111). Eine solche kommt namentlich in Betracht, wenn sich jemand als reiner Investor an einem Unternehmen beteiligt, ohne eigene Verlustbeteiligung aber mit einer ge-

winnabhängigen Rendite und gewissen Mitspracherechten (stille Gesellschaft, § 230 HGB). Praktisch mag dies aber auch im oben erwähnten Beispiel der Skatrunde (Rn. 1) sein: Ein Mitglied der Runde kann in eigenem Namen und auf eigene Rechnung die Reise buchen, die Zahlung erfolgt zwar aus der „gemeinsamen Kasse" – diese wird aber gegenüber dem Reisebüro nie offengelegt.

- Nichts hält ewig – und so kann es dazu kommen, dass sich der Gesellschafterkreis im Laufe der Zeit ändert: Menschen sterben oder wollen aussteigen; andere wollen sich an einem florierenden Unternehmen beteiligen. Auch hier gibt es verschiedene Regelungsmöglichkeiten: Einerseits kann man einen Beitritt von der Zustimmung aller Beteiligten abhängig machen und eine Übertragung der Anteile ausschließen; andererseits kann die Übertragung ganz unabhängig vom Willen der Mitgesellschafter erfolgen. Diejenigen Organisationsformen, bei denen typischerweise eine enge Bindung der Gesellschafter an das Unternehmen und untereinander besteht, nennt man „**Personengesellschaften**" (da es auf die „Personen" ankommt), soweit die Organisation weitgehend unabhängig von ihren Mitgliedern besteht und sie daher letztlich „austauschbar" sind, spricht man von „**Körperschaften**". 13

Beispiel: 14
Bei der AG können Aktien grundsätzlich frei gehandelt werden – sodass man diese sogar an einem öffentlichen Markt, der Börse, vertreiben kann. Abweichungen bedürfen einer besonderen Regelung, hier der sog. „vinkulierten Namensaktie" (§ 68 Abs. 2 AktG).
Bei einer Offenen Handelsgesellschaft haften hingegen alle Beteiligten mit ihrem Privatvermögen (§ 128 HGB), und nach der gesetzlichen Regelung (von der allerdings vertraglich abgewichen werden kann) vertritt jeder Gesellschafter die Gesellschaft unabhängig von den anderen (§§ 125, 126 HGB). Das bedeutet, dass jeder Beteiligte letztlich (mittelbar) auch seine Mitgesellschafter verpflichten kann – sodass jeder ein Interesse daran hat, nur mit Personen zusammenzuarbeiten, denen er wirklich vertraut. Die Übertragung einer Beteiligung ist daher nur mit Zustimmung aller Gesellschafter möglich.

- Schließlich benötigen die genannten Organisationsformen auch Regelungen für ihr **Innenverhältnis** – denn wenn mehrere Personen nach außen einheitlich auftreten sollen, kann es immer wieder zu Zwistigkeiten im

Innenverhältnis kommen. Es geht dabei um die Frage, *wer* entscheidet (Einstimmigkeit oder Mehrheit, wie wird diese berechnet), aber auch, welche *Rechte* diejenigen Personen haben, die nur geringfügig beteiligt sind. Dürfen diese Einsicht in Unterlagen erhalten oder Rechenschaft verlangen? Können diese Beschlüsse der Mehrheit angreifen oder selbst Vorlagen machen?

15 **Beispiel:**
Bei der Aktiengesellschaft können Aktionäre in der Hauptversammlung vom Vorstand Auskunft über Angelegenheiten verlangen, die für auf der Tagesordnung befindliche Punkte relevant sind (§ 131 AktG). Bei der GmbH und der offenen Handelsgesellschaft besteht demgegenüber ein uneingeschränktes Auskunfts- und Einsichtsrecht (§ 118 HGB; § 51a GmbHG). Soweit ein oder mehrere Aktionäre insgesamt 5 % der Aktien halten, können sie die Einberufung einer Hauptversammlung verlangen oder einzelne Beschlussfragen auf die Tagesordnung gesetzt werden. Letzteres gilt auch dann, wenn sie Aktien im Nennwert von 500.000 € oder mehr halten (§ 122 AktG). Jeder einzelne Aktionär kann unabhängig von seiner Beteiligung nach § 245 AktG Fehler bei der Beschlussfassung gerichtlich geltend machen.

16 Wie man sieht, sind die Fragen, mit denen sich das Gesellschaftsrecht befasst, vielschichtig und werden oft je nach Rechtsform unterschiedlich gelöst. Darauf nimmt schon seit über 40 Jahren auch die Europäische Union Einfluss (siehe Rn. 21 zur Niederlassungsfreiheit, Rn. 378 zur EWIV, Rn. 325 zur SE und Rn. 391 zur SCE). So gehen zahlreiche Regelungen in deutschen Gesetzen inzwischen auf **EU-Richtlinien** zurück (vgl. unter dem Stichwort „EU-Richtlinien" im Stichwortverzeichnis).

II. Systematisierung der Rechtsformen

17 Es wurde bereits angedeutet (oben Rn. 2), dass dem Gesellschaftsrecht eine Vielzahl von Rechtsformen unterfallen (man spricht von „**Gesellschaften im weiteren Sinne**"). Wie auf einer Speisekarte ist es möglich, bei der Gründung eine dieser Formen zu wählen und diese (in bestimmtem Ausmaß) an die eigenen Bedürfnisse anzupassen. Unzulässig ist es demgegenüber, ganz neue, eigene Formen zu schaffen. Es gilt ein *„numerus clausus“* der Rechtsformen, ein „**Typenzwang**“. Der wesentliche Unterschied zum Sachenrecht (§§ 854 ff. BGB), wo ebenfalls eine solche Beschränkung gilt, ist der dabei verbleibende weite Gestaltungsspielraum *innerhalb* der jeweiligen Rechtsformen (es gibt also keine „Typenfixierung“).

Beispiel: 18
Es ist nicht möglich, jemandem ein Pfandrecht (§§ 1204 ff. BGB) einzuräumen, ohne ihm gleichzeitig Besitz am verpfändeten Gegenstand zu verschaffen (§§ 1205 f. BGB). Es ist jedoch möglich, einen Verein zu schaffen, in dem bestimmte Mitglieder kein Stimmrecht haben (§ 40 BGB i. V. m. § 32 BGB).

Etwas anderes gilt nur für die Aktiengesellschaft und die Kommanditgesell- 19
schaft auf Aktien (vgl. § 23 Abs. 5 AktG, § 278 Abs. 3 AktG) – dort dürfen abweichende Regelungen nur getroffen werden, soweit das Gesetz dies ausdrücklich zulässt (sog. **Satzungsstrenge**, unten Rn. 327). Auch im Übrigen geht die Gestaltungsfreiheit natürlich nicht so weit, dass die grundlegenden Strukturmerkmale der jeweiligen Rechtsform verloren gehen; dies gilt namentlich dann, wenn das Verhältnis zu Außenstehenden betroffen ist.

Beispiel: 20
Es ist nicht möglich, die persönliche Haftung der Gesellschafter in einer offenen Handelsgesellschaft mit Wirkung gegenüber Gläubigern zu beschränken oder auszuschließen (§ 128 S. 2 HGB). Auch der ungeschriebene „Grundsatz der Selbstorganschaft“ insbes. bei BGB-Gesellschaft, OHG und KG ist nicht durch Vertrag abdingbar, danach ist es unzulässig, alle Gesellschafter von der Geschäftsführung auszuschließen (näher unten Rn. 152 f.).

Neben den in diesem Buch schwerpunktmäßig behandelten deutschen Gesell- 21
schaftsformen stehen in gewissem Umfang auch **ausländische Gesellschaftsformen** zur Verfügung – eine Gesellschaft mit deutschen Gesellschaftern, die nur in Deutschland tätig ist, kann z. B. nach englischem Recht (als Limited oder plc) organisiert sein (Rn. 393). Traditionell stand dem die „**Sitztheorie**“ entgegen, wonach jeder Staat alle Gesellschaften rechtlich regelt, die hauptsächlich oder ausschließlich in seinem Gebiet tätig sind. Ausländische Gesellschaften waren also nur anzuerkennen, wenn sie eine Zweigniederlassung in Deutschland betrieben oder einzelne Geschäfte in Deutschland tätigten, aber ihre Hauptverwaltung im Heimatstaat behielten. Für EU-Mitgliedsstaaten sowie für Island, Liechtenstein und Norwegen (EWR-Staaten) gilt jedoch „**Niederlas-**

sungsfreiheit" (Art. 49, 54 AEUV). Das bedeutet, dass unternehmerisch tätige Gesellschaftsformen aus diesen Staaten sich dauerhaft in jedem anderen beteiligten Staat niederlassen dürfen und trotzdem stets voll anerkannt werden müssen, insbes. also Haftungsbeschränkungen gelten. Anwendbar ist stets das Recht des Staates, in dem die Gesellschaft registermäßig erfasst oder sonst gegründet wurde („**Gründungstheorie**"). Ähnliches gilt aufgrund eines „Freundschaftsvertrages" auch für US-amerikanische Gesellschaften, nicht jedoch für Gesellschaften aus anderen Staaten, z.B. der Schweiz.

→ Entscheidungen 1a, 1b, 1c, 1d

22 Um einen ersten Überblick über die denkbaren Gestaltungsmöglichkeiten zu erhalten, gibt es verschiedene **Systematisierungskriterien**, nach denen man die Rechtsformen ordnen kann. Diese sind bei Weitem nicht eindeutig – einige Rechtsformen passen in mehrere Kategorien oder befinden sich in einem unklaren Graubereich. Eine konkrete Entscheidungshilfe in Fragen der Rechtsformwahl soll ebenfalls an dieser Stelle noch nicht gegeben werden – siehe aber Rn. 439, wo noch einmal auf diese Frage eingegangen wird.

23 Ein erster wichtiger Begriff ist derjenige der „**juristischen Person**" – das sind solche Rechtsformen, die wie Menschen („natürliche Personen") ganz losgelöst von den dahinterstehenden Menschen auftreten und auch nur mit ihrem eigenen Vermögen haften. Sie sind selbst Eigentümer von Sachen oder Inhaber von Forderungen, aber auch aus Verbindlichkeiten selbst verpflichtet. Dies trifft namentlich auf den eingetragenen Verein, die Aktiengesellschaft, die GmbH oder UG (haftungsbeschränkt), aber auch auf die Europäische Aktiengesellschaft (SE) oder die britische Limited zu. Juristische Personen des Privatrechts müssen in staatliche Register eingetragen (oder sogar durch eine Behörde genehmigt) werden, um überhaupt zu entstehen. Daher steht jede AG im Handelsregister. Der juristischen Person gegenübergestellt sind die „**Gesamthandsgesellschaften**", zu denen insbes. die Gesellschaft bürgerlichen Rechts, die OHG und die KG, aber auch die Partnerschaftsgesellschaft oder die EWIV gehören. Diese sind nach überwiegender Auffassung zwar auch rechtsfähig, aber die Gesellschafter haften den Gläubigern (teilweise nur in bestimmter Höhe) mit ihrem Privatvermögen für die Schulden der Gesellschaft und können erleichtert Geld aus dem Gesellschaftsvermögen entnehmen. Schließlich gibt es reine „**Innengesellschaften**" (insbes. die „stille Gesellschaft" i. S. d. HGB), die gegenüber Außenstehenden gerade nicht als „Gesellschaft" auftreten– sie sind nicht rechtsfähig und haben deshalb weder eigenes Vermögen noch eigene Schulden; nach außen tritt vielmehr ein Gesellschafter in eigenem Namen auf (näher unten Rn. 375).

Es gibt durchaus juristische Personen, die keine Gesellschaften sind, namentlich der Bund, die Bundesländer und die Gemeinden als juristische Personen des Öffentlichen Rechts, aber auch die Stiftung (oben Rn. 8) als juristische Person des Privatrechts.

Ein weiterer oft genutzter Begriff ist die „**Kapitalgesellschaft**“ (§ 3 Abs. 1 Nr. 2 UmwG; 2. Abschnitt des 3. Buchs des HGB). Das sind diejenigen Rechtsformen, bei denen zur Gründung eine bestimmte Vermögensmasse nach einem genau beschriebenen Verfahren eingebracht werden muss („**Kapitalaufbringung**“), welches vor der endgültigen Liquidation nicht mehr an die Gesellschafter zurückfließen darf („**Kapitalerhaltung**“). Konkret gemeint sind damit die GmbH, die AG, die UG (haftungsbeschränkt), die Societas Europaea (S.E.) und die KGaA. Bei den anderen Außengesellschaften des deutschen Rechts gibt es zwar ein Gesellschaftsvermögen, dieses kann aber durchaus zunächst mit „0“ festgesetzt werden. Bei den Gesamthandsgesellschaften wird die fehlende Kapitalaufbringung und -erhaltung durch die persönliche Haftung kompensiert; beim eingetragenen Verein wird das Risiko für Gläubiger durch die Begrenzung des Vereinszwecks (unten Rn. 44) und die Warnung durch den Vereinsnamen reduziert (wenn auch nicht ausgeschlossen). Das Recht der britischen Limited weist ebenfalls bestimmte Regeln zu Kapitalaufbringung und -erhaltung auf, es handelt sich also um eine Kapitalgesellschaft. Der wesentliche Unterschied zum deutschen Recht liegt darin, dass kein Mindestbetrag aufgebracht werden muss (zum Vergleich: dieser beträgt bei der GmbH 25.000 €, bei der AG 50.000 € und bei der S.E. 120.000 €; für die UG [haftungsbeschränkt] genügt 1 € pro Gesellschafter). **24**

Das Gesetz differenziert nach dem Zweck einer Gesellschaft zwischen „**Handelsgesellschaften**“, die nach § 6 HGB als Kaufleute gelten (und damit insbes. Bücher führen müssen), und „Zivilgesellschaften“, für welche das Handelsrecht nicht gilt. Einige Gesellschaften sind unabhängig vom verfolgten Zweck Handelsgesellschaft, nämlich die AG (§ 3 Abs. 1 AktG), die KGaA (§ 278 Abs. 3 AktG), die UG (haftungsbeschränkt) und die GmbH (§ 13 Abs. 3 GmbHG) und die Societas Europaea (Art. 1 Abs. 1 SE-VO). Bei den „**Personen**handelsgesellschaften“ (OHG, KG, EWIV) ist hingegen Voraussetzung, dass ein „Handelsgewerbe“ i. S. d. §§ 1–3 HGB betrieben wird (§ 105 Abs. 1 HGB) oder die Gesellschaft eigenes Vermögen verwaltet und eingetragen (§ 105 Abs. 2 HGB) ist. **25**

26 **Beispiel:**
Soll eine Gemeinschaftspraxis von mehreren Ärzten als Personengesellschaft betrieben werden, kann dies *nur* in Form einer BGB-Gesellschaft oder einer Partnerschaft geführt werden – da Ärzte einen freien Beruf ausüben, üben sie kein Gewerbe aus und können daher weder eine OHG noch eine KG (als Personenhandelsgesellschaften) gründen. Wenn sie hingegen eine GmbH gründen, handelt es sich trotz der freiberuflichen Tätigkeit um eine Handelsgesellschaft.

→ Übersicht Kaufmannsbegriff

27 Schließlich wird traditionell zwischen „**Körperschaften**" (Verein, GmbH, AG) und „**Personengesellschaften**" (auch: „Gesellschaften im engeren Sinne": BGB-Gesellschaft, OHG, KG, etc.) unterschieden. Damit wird primär die Struktur der Gesellschaften im Innenverhältnis angesprochen: Bei einer Körperschaft hat sich die Organisation so weit von den Gesellschaftern verselbstständigt, dass die dahinter stehenden Menschen „austauschbar" werden. Typisch ist daher, dass Entscheidungen mit Mehrheit getroffen werden, die Gesellschafterstellung ohne Rückfrage bei den anderen Beteiligten übertragbar ist, Geschäftsführung und Vertretung Dritten übertragen werden dürfen (sog. „Fremdorganschaft" – das bedeutet aber nicht, dass Gesellschafter nicht Organmitglied werden dürfen, sondern nur eine Erweiterung der Möglichkeiten) und meist auch keine persönliche Haftung besteht. Die Schwierigkeit dieser Unterscheidung ist, dass die meisten Gesellschaftsformen sich in einer Grauzone bewegen: So ist die Vereinsmitgliedschaft nicht übertragbar (obwohl der Verein Körperschaft ist) und in der KGaA (die ebenfalls körperschaftlich verfasst ist) haftet der Komplementär persönlich. Insoweit handelt es sich nur um eine Typisierung. Unzutreffend ist es, wenn man (wie aber trotzdem weit verbreitet) den „Personengesellschaften" die „Kapitalgesellschaften" gegenüberstellt. Bei Letzteren handelt es sich (nur) um einen Unterfall der „Körperschaften", während etwa auch der eingetragene Verein keine Personengesellschaft ist.

Die Stiftung ist juristische Person, aber nicht Körperschaft; bereits vor der Eintragung (und damit der Entstehung der juristischen Person, oben Rn. 9) gelten die sog. „Vorgesellschaften" zu den Kapitalgesellschaften (insbes. GmbH und AG, unten Rn. 263, 333) als Körperschaft; ebenso ist auch ein nicht wirtschaftlicher Verein selbst dann Körperschaft, wenn er nicht im Vereinsregister eingetragen ist (unten Rn. 36).

Insgesamt ergibt sich daher folgendes Bild: 28

AG	jur. Person	KapGes	Handelsges.	Körperschaft
Eingetragener Verein	jur. Person	–	Zivilges.	Körperschaft
EWIV	Gesamthand	–	Handelsges.	Personenges.
GbR (Innen)	Innenges.	–	–	Personenges.
GbR(Außen)	Gesamthand	–	Zivilges.	Personenges.
Genossenschaft	jur. Person	–	Handelsges.	Körperschaft
GmbH	jur. Person	KapGes	Handelsges.	Körperschaft
KG	Gesamthand	–	Handelsges.	Personenges.
KGaA	jur. Person	KapGes	Handelsges.	Körperschaft
Limited	jur. Person	(KapGes)	Handelsges.	Körperschaft
OHG	Gesamthand	–	Handelsges.	Personenges.
Partnerschaftsges.	Gesamthand	–	Zivilges.	Personenges.
S.E.	jur. Person	KapGes	Handelsges.	Körperschaft
Stille Gesellschaft	Innenges.	–	–	Personenges.
UG (haftungsbeschränkt)	jur. Person	KapGes	Handelsges.	Körperschaft
VVaG	jur. Person	–	Zivilges.	Körperschaft

2. Kapitel **Vereine**

I. Grundlagen

29 Vereine haben eine enorme **praktische Bedeutung**: Kaum jemand ist nicht Mitglied in einem Sport-, Förder- oder Schützenverein. Begünstigt wird dies durch die steuerrechtliche Möglichkeit der Anerkennung als „gemeinnützig" (§§ 52 ff. AO), so dass Spenden als Sonderausgaben von der Einkommensteuer abgesetzt werden können und der Verein selbst von der Körperschaftssteuer befreit ist. „Vereine" im juristischen Sinne sind aber auch die politischen Parteien (Art. 21 GG) sowie die Gewerkschaften und die ihnen gegenüberstehenden Arbeitgeberverbände (Art. 9 Abs. 3 GG).

30 Der „Verein" im zivilrechtlichen Sinne ist in den §§ 21 ff. BGB als Grundtyp der „**Juristischen Person**" den „Natürlichen Personen", also den Menschen (§§ 1 ff. BGB), gegenübergestellt. Typisch für den Verein ist seine „**körperschaftliche Verfassung**": Er ist vom Mitgliederwechsel unabhängig und haftet (jedenfalls wenn er eingetragen ist, s. Rn. 100 zum nicht eingetragenen Verein) nur mit seinem eigenen Vereinsvermögen. Nach außen handelt er durch „Organe", nämlich Vorstandsmitglieder, die nicht zwingend mit seinen Mitgliedern identisch sein müssen („Fremdorganschaft" ist also zulässig). Die Willensbildung geschieht durch Beschlüsse auf Mitgliederversammlungen, wo grundsätzlich die (einfache) Mehrheit der anwesenden Stimmen entscheidet. Diese körperschaftliche Verfassung verbindet den Verein mit der AG (s. Rn. 328) und der GmbH (s. Rn. 259) und grenzt ihn von der BGB-Gesellschaft (s. Rn. 141), der offenen Handelsgesellschaft (s. Rn. 143) und der Kommanditgesellschaft (s. Rn. 224) ab. Das bedeutet auch, dass bei Lücken im Recht der GmbH oder der AG grundsätzlich Regelungen des Vereinsrechts herangezogen werden können – praktisch ist dies jedoch eine Ausnahme.

31 Während bei wirtschaftlichen Aktivitäten Rechtsformen aus anderen EU-Mitgliedsstaaten (z. B. die Britische Limited, unten Rn. 393) selbst dann genutzt werden können, wenn die einzige Tätigkeit in Deutschland erfolgt, gilt dies nicht für nicht wirtschaftliche („ideelle") Tätigkeiten. Insoweit greift die „Freizügigkeit" nicht ein. Damit stehen **ausländische Rechtformen** im klassischen Bereich der Vereinstätigkeit nicht als Alternative zur Verfügung.

→ Entscheidung 1e

II. Entstehung

Ein eingetragener Verein entsteht (wie alle juristischen Personen) in drei Schritten. **32**

1. Ablauf. – a) Vertragsschluss. Wie alle Gesellschaften im weiteren Sinne (s. Rn. 3) setzt ein Verein einen **Vertrag** voraus (s. § 311 Abs. 1 BGB). Diesen „Gesellschaftsvertrag" nennt man wie bei den anderen Körperschaften (AG, s. Rn. 327, oder GmbH, s. Rn. 267) auch „**Satzung**" (oder „Verfassung" des Vereins), vor der Invollzugsetzung spricht man auch von einem „Gründungsvertrag", durch welchen die endgültige Schaffung des Vereins vorbereitet wird. Diese muss, soweit der Verein als „e. V." im Vereinsregister eingetragen werden soll, mindestens den Zweck des Vereins (unten Rn. 44), dessen Namen sowie den „Sitz", d. h. den Ort, nach dem sich die Zuständigkeit des eintragenden Gerichts bestimmt, bezeichnen (§ 57 Abs. 1 BGB). Für nicht rechtsfähige Vereine (s. Rn. 99) gibt es niemanden, der die Satzung kontrolliert, Vorgaben bestehen daher nicht. **33**

Für nicht rechtsfähige Vereine (s. Rn. 99) gibt es niemanden, der die Satzung kontrolliert. Selbstverständlich bedeutet die fehlende staatliche Kontrolle aber nicht, dass illegale Aktivitäten verfolgt werden dürfen, die §§ 134, 138 BGB gelten auch für Vereinssatzungen. Eine „Asssassinengilde" darf es daher nicht geben. Zur Durchsetzung von Vereinsverboten gibt es aber ein streng formalisiertes Verfahren im „Vereinsgesetz" (das aber trotz dieser Bezeichnung für alle Rechtsformen gleichermaßen gilt). Ziel dieses Gesetzes ist es, die immerhin verfassungsmäßig garantierte Vereinigungsfreiheit (Art. 9 Abs. 2 GG) zu gewährleisten. **33a**

Soll der Verein als „e. V." im Vereinsregister eingetragen werden, müssen bei der Eintragung mindestens sieben Mitglieder vorhanden sein (§ 56 BGB). Allerdings handelt es sich um eine reine Ordnungsvorschrift: Gelingt es, das Registergericht über die tatsächliche Zahl der Gründer zu täuschen, entsteht der Verein endgültig und unwiderruflich mit der Eintragung. Für nicht eingetragene Vereine (§ 54 BGB) sowie genehmigte wirtschaftliche Vereine (§ 22 BGB) gilt faktisch die Untergrenze von zwei Personen (s. Rn. 98, 192). **34**

b) Organbestellung. Nach Abschluss des Gründungsvertrags (oder als dessen Bestandteil) ist der Vorstand als vertretungsberechtigtes Organ des Vereins zu bestellen, damit dieser nach außen handlungsfähig wird. In der Satzung kann bereits ein erster Vorstand bestimmt sein oder ein Verfahren für dessen Ernen- **35**

nung geregelt werden (s. Rn. 54); ansonsten erfolgt die Bestellung nach den gesetzlichen Vorschriften (§§ 27 Abs. 1, 32 Abs. 1 Satz 3, 40 BGB – s. Rn. 72).

36 **c) Erlangung der Rechtsfähigkeit: Eintragung oder Genehmigung.** Im Umkehrschluss aus der amtlichen Überschrift von § 54 BGB lässt sich folgern, dass der Gesetzgeber des BGB nur denjenigen Vereinen Rechtsfähigkeit zubilligen wollte, die sich entweder eintragen lassen (§ 21 BGB) oder aber staatlich genehmigt wurden (§ 22 BGB). Nach heutiger Auffassung kommt aber allen nach außen auftretenden Personenvereinigungen, insbes. auch der Gesellschaft bürgerlichen Rechts (s. Rn. 194 ff.), Rechtsfähigkeit zu. Die wesentliche Besonderheit des rechtsfähigen Vereins liegt vielmehr in dem Ausschluss der in § 54 S. 1 BGB angeordneten Handelndenhaftung der Vorstandsmitglieder (s. Rn. 76). Für die Unterscheidung von § 21 BGB und § 22 BGB kommt es auf den Zweck des Vereins an:

- Soll dieser in der Hauptsache nicht Erwerbszwecken dienen (sog. **Idealverein**), ist die Eintragung des Vereins in das Vereinsregister (§ 21 BGB) der (einzige) Weg zum Ausschluss der Handelndenhaftung. Die Eigenschaft als Idealverein ist nicht zu verwechseln mit der Frage der „Gemeinnützigkeit". Letztere ist eine steuerrechtliche Privilegierung, die noch konkreter die unmittelbare Begünstigung der Öffentlichkeit durch den Vereinszweck voraussetzt – für die Eigenschaft als „Idealverein" genügt es hingegen, wenn es nicht um Gewinnerzielung geht. Vor der Eintragung erfolgt nur eine Prüfung bestimmter Mindestanforderungen („System der Normativbedingungen"). Die Eintragungsabsicht muss in der Satzung vorgesehen sein (§ 57 Abs. 1 BGB), ohne eine solche Angabe wird die Eintragung durch das Registergericht abgelehnt.
- Ist der Verein auf einen „wirtschaftlichen Geschäftsbetrieb" gerichtet, erlangt er die Rechtsfähigkeit nur durch staatliche Verleihung („**Konzession**", § 22 BGB). Diese ist aber nur zulässig, soweit der Vereinszweck insbes. nicht auch über die Rechtsformen der AG (s. Rn. 323), der GmbH (s. Rn. 259) oder der Genossenschaft (s. Rn. 386) erreicht werden kann (Subsidiarität). Diese sind auf unternehmerische Tätigkeiten maßgeschneidert und daher vorrangig gegenüber dem Verein als Auffangform, wo insbes. Regelungen zum Gläubigerschutz fehlen.

37 **aa) Eintragungsverfahren.** Für die Eintragung ist das Amtsgericht zuständig, zu dessen Bezirk der Ort gehört, der als „**Sitz**" in der Satzung genannt ist (§ 55 BGB). An diesem muss keinerlei Tätigkeit des Vereins erfolgen.

Beispiel: 38
Ein Tennisverein, der nur Mitglieder in Düsseldorf hat, kann durchaus im Vereinsregister in Hamburg eingetragen sein.

Alle Anmeldungen zum Vereinsregister müssen **von einem Notar beglaubigt** 39
werden (§§ 77, 129 BGB), d. h. die Identität der Gründer muss vor diesem nachgewiesen werden; anders als bei einer Beurkundung (vorgesehen bei Gründung einer AG, unten Rn. 327, oder einer GmbH, unten Rn. 260) wird der Inhalt der Satzung vom Notar dabei nicht kontrolliert.

Das Registergericht prüft sodann, 40

- ob die Anmeldung der erforderlichen Form (= notarielle Beglaubigung) entspricht (§ 77),
- ob der Vorstand wirksam bestellt wurde und hinreichende Vertretungsmacht hat,
- ob die Anmeldung den erforderlichen Mindestinhalt hat (Zweck, Name, Sitz, Eintragungsabsicht, § 57 Abs. 1),
- ob mindestens sieben Mitglieder vorhanden sind (§ 56 BGB) und die Satzung unterschrieben haben (§ 59 Abs. 3 BGB) und
- ob die Satzung gegen ein gesetzliches Verbot oder die guten Sitten verstößt (§§ 134, 138 BGB; siehe auch Art. 9 Abs. 2 GG, §§ 3 Abs. 1, 8 Abs. 1 VereinsG oder § 33 Abs. 1 PartG). Entsprechende Bedenken sind der jeweiligen Landesbehörde entsprechend Art. 35 Abs. 1 GG mitzuteilen.

Soweit diese Voraussetzungen erfüllt sind, besteht ein (notfalls auch gerichtlich 41
durchsetzbarer) Anspruch auf Eintragung. Dieses „**System der Normativbedingungen**“ wird uns auch bei AG (unten Rn. 330) und GmbH (unten Rn. 260) wieder begegnen.

→ Überblick über die Kosten der Gründung

bb) Wirtschaftliche Vereine: Genehmigung. Dieses Eintragungsverfahren gilt 42
allerdings nach § 21 BGB nur für den „Idealverein“ und nicht, wenn der Gesellschaftszweck auf einen „wirtschaftlichen Geschäftsbetrieb“ gerichtet ist. Für solche Vereine ist nach § 22 BGB nämlich eine staatliche Genehmigung erforderlich.

Praktisch wird diese Genehmigung nur sehr selten erteilt – wirtschaftliche Ver- 43
eine sind eine Ausnahmeerscheinung. Erwähnenswert sind etwa die „Verwertungsgemeinschaft Wort“ (VG Wort) oder die „Gesellschaft für musikalische Aufführungs- und mechanische Vervielfältigungsrechte“ (GEMA). Eine Verlei-

hung darf nur erfolgen, wenn eine vorrangige Eintragung nach § 21 BGB ausscheidet („Grundsatz der **Alternativität**") und gleichzeitig ein Ausweichen auf die Regelungen des Aktien-, GmbH- oder Genossenschaftsrechts aufgrund besonderer Umstände unzumutbar ist („Grundsatz der **Subsidiarität**"). Dies ist praktisch nur sehr selten der Fall. Diskutiert wird etwa die Schaffung wirtschaftlicher Vereine zum Betrieb eines Dorfladens.

44 **cc) Abgrenzung Vereinszweck, Nebenzweckprivileg.** Die Unterscheidung nach dem tatsächlichen (nicht zwingend dem in der Satzung genannten!) Zweck ist demnach von erheblicher Bedeutung. Maßgeblich ist dabei der Hauptzweck – es spielt keine Rolle, ob dieser rein geselliger Art ist oder politisch bzw. religiös gewählt wird; eine Förderung sportlicher, wissenschaftlicher oder kultureller Belange ist nicht erforderlich (anders für die Gemeinnützigkeit, § 52 AO). Ausgeschlossen ist allein ein „wirtschaftlicher Geschäftsbetrieb" als Hauptzweck – denn hierfür sind AG und GmbH besser geeignet. Ein solcher Geschäftsbetrieb wird angenommen, wenn der Verein planmäßig und auf Dauer in unternehmerischer Funktion nach außen durch Einschaltung in wirtschaftliche Umsatzprozesse mit einer regelmäßig entgeltlichen Tätigkeit auftritt, um Gewinne zu erzielen, die dem Verein selbst oder seinen Mitgliedern (in irgendeiner Weise) zufließen sollen. Hierfür genügt es nicht, wenn der Verein als Abnehmer auftritt, sondern er muss Wirtschaftsgüter im weitesten Sinne gegen Entgelt anbieten. Ebenfalls „wirtschaftlich" kann ein Verein sein, der allein einen inneren Markt (d. h. seine Mitglieder) bedient oder ein Verein, der (wie eine Genossenschaft, unten Rn. 386) die selbständigen wirtschaftlichen Tätigkeiten seiner Mitglieder fördert.

45 Verkompliziert wird die Unterscheidung allerdings dadurch, dass auch nichtwirtschaftlichen Vereinen (Idealvereinen) eine wirtschaftliche Betätigung zugestanden wird, soweit diese ein bloßer „Nebenzweck" ist (sog. **Nebenzweckprivileg**). Dies ist der Fall, wenn die wirtschaftliche Tätigkeit nur zur Förderung oder Unterstützung der ideellen Zwecke dient.

46 **Beispiele:**
Verkauf von Badetüchern mit Vereinslogo oder Verkauf von Speisen und Getränken im Vereinsheim.

47 Unproblematisch ist es jedenfalls, wenn der Verein die Tätigkeit nicht selbst, sondern organisatorisch und rechtlich selbstständig durch ein Tochterunternehmen (= eine eigene AG, GmbH, etc.) betreibt.

Beispiel: 48
Der ADAC bot eine Rechtsschutzversicherung durch eine Tochtergesellschaft („ADAC Rechtsschutzversicherungs AG"). Der BGH sah dies als unproblematisch an, da die AG die Vorschriften des Aktienrechts befolgte und so kein Konflikt zu den Zielen der §§ 21, 22 BGB auftreten konnte, die nur den Verkehr vor wirtschaftlich tätigen Idealvereinen schützen sollen. Die „ADAC Rechtsschutzversicherungs AG" ist eine „normale" AG, woran die 100 %-Beteiligung des ADAC e. V. nichts ändert – Gläubiger genießen also auch den gleichen Schutz wie bei jeder anderen Gesellschaft.

→ Entscheidungen 2 und 3

Der **Zweck** eines Vereins kann grundsätzlich nur **einstimmig** durch alle (d. h. 49
nicht nur „alle Anwesenden"!) Mitglieder geändert werden (§ 33 Abs. 1 S. 2 BGB). Eine nach § 40 BGB zulässige flexiblere Regelung in der Satzung muss ausdrücklich auch auf die Zweckänderung Bezug nehmen (sodass eine allgemeine „Mehrheitsregelung" für Satzungsänderungen diesen Punkt nicht erfasst). Wird statt eines ursprünglich „nicht-wirtschaftlichen" Zwecks ein wirtschaftlicher Zweck gewählt, kann der Verein durch das Registergericht von Amts wegen aus dem Register gelöscht werden (§ 395 FamFG).

→ Entscheidung 4, Entscheidung 4a

dd) Exkurs: Gemeinnützigkeit. Ein Verein gilt unter den folgenden Voraussetzungen als „gemeinnützig" (§ 52 AO), ist von der Körperschaftssteuer befreit 50
und kann Spendenbescheinigungen ausstellen:

- Der **Zweck des Vereins** muss auf gemeinnützige (§ 52 AO), mildtätige (§ 53 AO) oder kirchliche Zwecke (§ 54 AO) gerichtet sein, insbes. die Förderung von Bildung und Erziehung, die Förderung von Kunst und Kultur, die Förderung der Völkerverständigung, die Förderung des Landschafts- und Denkmalschutzes, die Förderung des Heimatgedankens oder die Förderung des traditionellen Brauchtums.
- Dieser Zweck muss selbstlos (§ 55 AO), ausschließlich (§ 56 AO) und unmittelbar (§ 57 AO) **verfolgt werden**. Das bedeutet etwa, dass Mittel nicht für satzungsfremde Zwecke eingesetzt werden dürfen, insbes. nicht den Mitgliedern zufließen.
- Alle Voraussetzungen der Steuerbegünstigung, insbes. die Art der Zweckverwirklichung, müssen **aus der Satzung** ersichtlich sein (§ 60 AO). Die Satzung muss eine Regelung enthalten, dass das Vermögen bei Auflösung oder

Wegfall der steuerbegünstigten Zwecke auch zukünftig für steuerbegünstigte Zwecke verwendet wird (sog. Anfallklausel).
- Die **tatsächliche Geschäftsführung** muss der Satzung entsprechen (§ 63 AO). Dementsprechend ist auch der Ablauf der Tätigkeit zu dokumentieren.

51 Die Steuerbegünstigung kann erst nach der Gründung beim Finanzamt beantragt werden; jedoch ist es möglich, bereits vorher die Satzung prüfen zu lassen. Die Anerkennung der Gemeinnützigkeit erfolgt stets rückwirkend und befristet.

52 **2. Die Satzung.** Ist der Verein erst einmal gegründet, löst sich die Satzung vom Willen der Gründer und wird ein selbstständiges Organisationskonstrukt – es handelt sich also nicht mehr um einen einfachen Vertrag, der nach dem Willen der Gründer (§§ 133, 157 BGB) auszulegen wäre. Vielmehr ist sie **objektiv anhand des Vereinszwecks** auszulegen, der nur mittelbar durch die Interessen der jeweils aktuellen Mitglieder geprägt wird. Die Auslegung ähnelt daher einem Gesetz – es werden der allgemeine Wortsinn und die Systematik der Satzung herangezogen, bevor auf den (aktuellen!) Sinn und Zweck sowie die (durch Zeitablauf in den Hintergrund tretende) Entstehungsgeschichte abgestellt wird. Willensäußerungen oder Interessen der Gründe oder andere tatsächliche Umstände aus der Vereinsgeschichte haben dabei keine erhebliche Bedeutung.

53 In dieses Bild eines selbstständigen Konstrukts passt auch die Lehre von der fehlerhaften Gesellschaft (unten Rn. 120): Soweit die Erklärung eines Gründers von Anfang an nichtig war oder aber durch Anfechtung mit Rückwirkung beseitigt wurde, wird dadurch nicht der Verein insgesamt beseitigt, sondern es besteht (allenfalls) ein Auflösungs- oder Austrittgrund für die Zukunft. Der Verein ist also auch insoweit losgelöst von den ursprünglichen Erklärungen der Gründer.

54 Der Inhalt der Satzung unterfällt drei groben Kategorien:
- Der **Mindestinhalt** ist in § 57 BGB geregelt (s. Rn. 33): Zweck des Vereins, Name und Sitz sowie die Eintragungsabsicht.
- § 58 BGB nennt eine Reihe weiterer aufzunehmender Bestimmungen („**Soll-Inhalt**“). Zu regeln sind der Eintritt und der Austritt von Mitgliedern, die (gegebenenfalls) zu entrichtenden Beiträge, die Bildung des Vorstands, die Voraussetzungen und die Form der Einberufung der Mitgliederversammlung sowie die Form von Beschlüssen. Faktisch müssen diese Regelungen genau wie der Mindestinhalt bei der Eintragung vorliegen.
- Wie bereits angedeutet (s. Rn. 49), gilt im Verein weitgehende **Gestaltungsfreiheit** (s. § 40 BGB), sog. Satzungsautonomie als Bestandteil der „Vereins-

autonomie". Die Freiheit des Vereins, die eigenen Angelegenheiten unabhängig vom Einfluss Dritter regeln zu können („Selbstbestimmungsrecht"), hat dabei sogar Verfassungsrang. Aus einem Umkehrschluss zu § 40 BGB ergibt sich, dass einige Grundsätze nicht geändert werden dürfen, insbes. die Vertretung des Vereins durch den Vorstand (§ 26 BGB), die Widerruflichkeit der Vorstandsbestellung aus wichtigem Grund (§ 27 Abs. 2 BGB), die Notbestellung des Vorstands durch das Amtsgericht (§ 29 BGB), die Rolle besonderer Vertreter (§ 30 BGB), die Haftung des Vereins für seine Organe (§ 31 BGB), die Privilegierung unentgeltlich tätiger Vorstände (§ 31a BGB), der Stimmrechtsausschluss bei Interessenkollision (§ 34 BGB), die Unentziehbarkeit von Sonderrechten gegen den Willen des Mitglieds (§ 35 BGB) sowie die Pflicht zur Einberufung der Mitgliederversammlung, wenn das Vereinsinteresse dies erfordert (§ 36 BGB) und das Einberufungsrecht einer durch die Satzung zu bestimmenden Minderheit bzw. von 10 % der Mitglieder, wenn die Bestimmung fehlt (§ 37 BGB). Ebenfalls nicht ausgeschlossen werden kann das Recht zum Austritt (§ 39 BGB) und die Möglichkeit zur Auflösung durch Beschluss (§ 41 BGB).

Um die Vereinsfreiheit nicht übermäßig zu beschränken, erfolgt bei der Eintra- **55**
gung des Vereins **keine gerichtliche Kontrolle** der Satzung. Eine nachträgliche Überprüfung als Allgemeine Geschäftsbedingungen anhand der Maßstäbe der §§ 307 ff. BGB scheitert an § 310 Abs. 4 S. 1 BGB. Wenn allerdings der Verein eine „überragende Machtstellung" im wirtschaftlichen oder sozialen Bereich innehat, kann die Satzung im Rahmen von Klagen einzelner Mitglieder oder Dritter anhand von Treu und Glauben und der Verkehrssitte (§ 242 BGB) überprüft werden. Insbesondere darf in diesen (seltenen) Fällen der Verein Bewerber um eine Mitgliedschaft nur aus sachlichen Gründen ablehnen (unten Rn. 84). Auch in anderen Konstellationen, in denen eine Verhandlungsdisparität bestand, kommt eine solche Inhaltskontrolle in Betracht.

→ Entscheidungen 4b, 4c

3. Haftung vor Eintragung. Wie bei GmbH (Rn. 261) und Aktiengesellschaft **56**
(Rn. 330) entsteht der Verein als juristische Person erst mit Eintragung in ein Register (§ 21 BGB). Insoweit stellt sich die Frage, was **vor** der Eintragung gilt. Eine Antwort darauf liefert das Gesetz nur scheinbar in § 54 BGB – danach gilt der Verein als Gesellschaft bürgerlichen Rechts. Das spiegelt aber weder die Vorstellungen der Mitglieder noch die heutige Rechtswirklichkeit wider. Daher gilt insoweit ein Spezialrecht des **„nicht rechtsfähigen Vereins"** (im Einzelnen unten Rn. 99 ff.).

III. Organisation

57 Ein Verein muss nach dem BGB (unverzichtbar, denn §§ 26 und 35 BGB sind zwingende Vorschriften, oben Rn. 54) mindestens zwei Organe haben, den „Vorstand“ (zur Vertretung nach außen, §§ 26 ff. BGB) und die „Mitgliederversammlung“ (zur inneren Willensbildung, §§ 32 ff. BGB). Der Verein darf aber durchaus weitere Organe bilden, etwa ein „Vereinsgericht“, ein „Kuratorium“ oder einen „Beirat“ (§ 25 BGB).

58 **1. Mitgliederversammlung.** Die Mitgliederversammlung ist das zentrale Organ des Vereins, sie ist in der Vereinsdemokratie das „Staatsvolk“. Sie ist nach § 32 BGB für alle Aufgaben zuständig, die nicht durch Gesetz oder Satzung dem Vorstand zugewiesen sind. Obwohl § 32 BGB nicht in § 40 BGB genannt ist und daher abbedungen werden kann, muss der Mitgliederversammlung zwingend ein gewisser Kernbereich an Zuständigkeiten verbleiben.

59 Abgesehen von zulässigen Delegationen ist die Mitgliederversammlung zwingend für die Entscheidung aller wichtigen Fragen zuständig („**Gebot der Letztzuständigkeit der Mitgliederversammlung**“). Eine umfassende „Fremdsteuerung“, die verhindert, dass der Verein zu einer eigenen selbständigen Willensbildung in der Lage ist, wäre daher wegen Verstoßes gegen die guten Sitten (§ 138 BGB) unwirksam. Dazu gehören insbes. die Änderung des Vereinszwecks, aber auch Satzungsänderungen im Übrigen (obwohl § 33 BGB abdingbar ist), sowie (bei Zwischenschaltung eigener Organe wie einer Vertreterversammlung oder eines Beirats allerdings nur mittelbar) die Bestellung und Abberufung des Vorstands (§ 27 BGB).

60 **Beispiel:**
Ein Verein („Augustana-Gemeinde“) sah vor, dass Satzungsänderungen durch Verordnungen der Evangelisch-Lutherischen Kirchengemeinschaft in den Ländern der BRD erfolgt sollten. Diese Regelung wurde wegen Eingriffs in die Kernkompetenz der Mitgliederversammlung als unwirksam qualifiziert.

→ Entscheidung 5

61 Eine Mitgliederversammlung wird durch den Vorstand **einberufen.** Anders als bei der Aktiengesellschaft (§§ 175 f. AktG) gibt es grundsätzlich keine Pflicht zu einer regelmäßigen „ordentlichen“ Mitgliederversammlung. Nach § 36 BGB ist

eine Mitgliederversammlung zwingend einzuberufen, wenn das Interesse des Vereins dies erfordert (siehe § 121 Abs. 1 a. E. AktG, § 49 Abs. 2 GmbHG). Nach § 37 Abs. 1 BGB kann die Satzung ein Quorum von Mitgliedern bestimmen, welches die Einberufung einer Mitgliederversammlung verlangen kann; fehlt eine solche Regelung, kann dies eine Minderheit von 10 % vom Vorstand verlangen, der dann einzuberufen hat (s. § 122 Abs. 1 AktG, § 50 Abs. 1 GmbHG).

Zwar muss der Beschlussgegenstand bei der Einberufung bezeichnet werden, 62
zur **Form der Einberufung** (E-Mail, Zeitungsannonce, Aushang...) schweigt das Gesetz aber (anders etwa in der AG, § 121 Abs. 4 ff. AktG Rn. 349 und der GmbH, § 51 GmbHG, Rn. 301 ff.). Ohne Regelung in der Satzung obliegt es dem Vorstand, eine Form zu wählen, die alle Mitglieder rechtzeitig erreicht und zwar in einem angemessenen Zeitraum vor der Versammlung.

Beschlüsse der Mitgliederversammlung werden durch **einfache Mehrheit** der 63
von den „erschienenen Mitglieder" abgegebenen Stimmen gefasst (§ 32 Abs. 1 S. 3 BGB). Dies bedeutet, dass Enthaltungen wie nicht erschienene Personen behandelt werden – nur die „Ja-" und „Nein-" Stimmen werden gezählt.

Beispiel: 64
Zur Mitgliederversammlung erscheinen 50 Personen. Bei Tagesordnungspunkt 1 werden 20 „Ja"-Stimmen und 10 „Nein"-Stimmen abgegeben. Würde man nun von den (physisch) anwesenden (50) Personen ausgehen, würde es an einer Mehrheit fehlen (20 Stimmen von 50 sind weniger als die einfache Mehrheit von 26 Stimmen). Da die 20 Enthaltungen aber als nicht erschienen gelten, haben 20 von 30 anwesenden Mitgliedern mit „Ja" gestimmt, die einfache Mehrheit wurde also deutlich überschritten.

Die **Satzung** kann allerdings auch ein anderes Zählverfahren oder andere 65
Mehrheitserfordernisse festlegen (§ 32 BGB ist keine nach § 40 BGB zwingende Vorschrift, oben Rn. 54). So können einzelne Mitglieder mehrere oder gar keine Stimmen haben, Beschlüsse können eine qualifizierte Mehrheit (d. h. mehr als die einfache Mehrheit) erfordern oder es kann ein Quorum, d. h. eine Mindestanzahl an anwesenden Personen verlangt werden.

Jede Stimme ist dabei eine **Willenserklärung**, d. h. eine Äußerung mit Hand- 66
lungs-, Rechtsbindungs- und Geschäftswillen, für welche die Voraussetzungen des Allgemeinen Teils des BGB gelten. Es ist also grundsätzlich Stellvertretung möglich (§ 164 BGB) und eine Anfechtung kann nach §§ 119 ff. BGB erklärt werden.

67 Der Beschluss ist ein „**mehrseitiges Rechtsgeschäft**". Soweit der Beschluss gegen das Gesetz oder die Satzung verstößt, ist er nichtig. Eine Unterscheidung nach schweren und weniger schweren Mängeln wie bei der AG (unten Rn. 368) oder der GmbH (unten Rn. 303 ff.) mit der Folge einer „Anfechtungsklage" oder „Nichtigkeitsklage" gibt es im Vereinsrecht nicht. Konsequenterweise gibt es auch keine Fristen oder besondere Anforderungen an die Anfechtungsbefugnis. Die Nichtigkeit kann jederzeit von jedem mit berechtigtem Feststellungsinteresse mit der allgemeinen Feststellungsklage (§ 256 ZPO) geltend gemacht werden. Allerdings kann der Verein bei reinen Formverstößen nachweisen, dass ein Verfahrensmangel nicht für das konkrete Beschlussergebnis „relevant" war. Dann hat der Verstoß auch nicht die Nichtigkeit zur Folge. Eine Heilung bedarf nach § 141 BGB einer erneuten Beschlussfassung.

68 **2. Vorstand.** Der Vorstand ist das Vertretungsorgan des Vereins – er handelt also für den Verein gerichtlich und außergerichtlich (siehe für die Geschäftsführer der GmbH § 35 GmbHG Rn. 295; für den Vorstand der AG § 78 AktG Rn. 337). Für die Vertretung des Vereins gelten dabei grundsätzlich die §§ 164 ff. BGB: Der Vorstand muss also eine eigene Willenserklärung im fremden Namen mit Vertretungsmacht abgeben.

69 Die „**organschaftliche Vertretungsmacht**" des Vorstands nach § 26 Abs. 2 S. 1 BGB ist zwingend vorgeschrieben. Trotz des Gesetzeswortlauts handelt es sich dabei nicht um „gesetzliche" Vertretungsmacht: Der Vorstand „ist" der Verein, nicht nur sein Vertreter – er wird nur aus praktischen Gründen wie ein Vertreter behandelt. Die Vertretungsmacht kann jedoch nach § 26 Abs. 2 S. 2 BGB auch mit Wirkung gegen Dritte durch die Satzung beschränkt werden (anders bei der GmbH, § 37 Abs. 2 GmbHG, Rn. 295, und der AG, § 82 AktG, Rn. 337). Voraussetzung für diese Außenwirkung ist allerdings, dass der Dritte die Beschränkung bei Vertragsschluss kannte oder dass sie im Vereinsregister eingetragen war (§§ 68, 70 BGB). Nach der Gründung eingefügte Beschränkungen der Vertretungsmacht erlangen konsequent erst mit Eintragung Wirkung (§ 71 BGB).

→ Entscheidung 6

70 Die **Beschlussfassung** in einem mehrköpfigen Vorstand ist im Gesetz nicht geregelt. Sie kann jedoch durch die Satzung oder eine Geschäftsordnung bestimmt werden. So ist es üblich, jedem Vorstandsmitglied ein bestimmtes Aufgabengebiet (Schatzmeister, Geschäftsführer, ...) zuzuweisen.

Grundsätzlich ist der Vorstand auch zur **Geschäftsführung des Vereins**, d. h. zur 71
inhaltlichen Entscheidung über die laufenden Angelegenheiten im Innenverhältnis berufen (arg. ex § 27 Abs. 3 BGB). Während ihm allerdings die Vertretung zwingend zugewiesen ist, kann die Satzung die interne Entscheidung über die Geschäftspolitik auch einem anderen Organ (etwa einem Beirat) zuweisen.

→ Entscheidung 7

Die Vorstandsmitglieder werden grundsätzlich durch Beschluss der Mitglieder- 72
versammlung **bestellt** (§§ 27 Abs. 1, 32 Abs. 1 S. 3 BGB, Rn. 59), wobei die Satzung etwas anderes bestimmen kann. So kann die Bestellung etwa einer Vertreterversammlung oder einem Beirat übertragen werden. Wenn keine Sonderregelung in der Satzung getroffen ist, erfasst die Kompetenz zur Bestellung des Vorstands auch den Abschluss eines „Anstellungsvertrages" (etwa ein entgeltlicher Geschäftsbesorgungsvertrag i. S. v. §§ 675, 611 ff. BGB oder ein unentgeltlicher Auftrag i. S. v. §§ 663 ff. BGB). Generell sind im Gesellschaftsrecht die für Vertretung und Geschäftsführung maßgebliche „Bestellung" eines Organs von der schuldrechtliche Pflichten (Haftung, Auskunft, Entgeltzahlung, etc.) begründenden **„Anstellung"** zu unterscheiden (s. Rn. 300 für den GmbH-Geschäftsführer und s. Rn. 340 für den AG-Vorstand).

Als „actus contrarius" folgt die Zuständigkeit zur **„Abberufung"** (d. h. die Been- 73
digung der Organstellung) derjenigen zur „Bestellung" und Zuständigkeit zur „Kündigung" (d. h. die Beendigung des -Anstellungsverhältnisses) derjenigen zur „Anstellung". Entsprechendes gilt für die erforderlichen Mehrheiten und das einzuhaltende Verfahren. Auch hier sind aber abweichende Regelungen möglich.

→ Entscheidung 8

Der Verein muss sich die **Kenntnis seiner Vorstandsmitglieder** (analog § 166 74
Abs. 1 BGB bzw. § 31 BGB) zurechnen lassen. Dies bedeutet: Wenn es im Gesetz auf „Arglist" (z. B. § 123 BGB) oder „guten Glauben" (z. B. § 932 BGB) ankommt, ist auf den Vorstand abzustellen. Schwierig ist nur, inwieweit Wissen von Angestellten dem Vorstand zugerechnet werden kann und inwieweit eine „Zusammenrechnung" von Wissen verschiedener Personen erfolgt.

→ Entscheidungen 9, 10, 11

Neben dem Vorstand kann ein Verein auch **„besondere Vertreter"** (§ 30 BGB) 75
haben, für deren Fehlverhalten er einzustehen hat (§ 31 BGB, näher unten Rn. 77). Diese müssen in der Satzung bestellt werden – es geht also nicht um Personen, die vom Vorstand beauftragt werden.

IV. Finanzierung und Haftung

76 **1. Haftung des Vereins.** Der Verein haftet für alle in seinem Namen wirksam eingegangenen Verbindlichkeiten (d. h. Ansprüche, die durch den Vorstand als Vertreter des Vereins gemäß §§ 164 ff. BGB wirksam zu seinen Lasten begründet wurden). Als **juristische Person** haftet ein Verein aber auch für rein tatsächliche Handlungen – wie ein Mensch soll er auch selbst „unerlaubte Handlungen" begehen können. Die Zurechnung solcher Handlungen ergibt sich aus § 31 BGB, der im Gegensatz zu § 831 BGB gerade keine Entlastung durch Einschaltung zuverlässiger Hilfspersonen erlaubt.

77 Die **Regelung des § 31 BGB** hat enorme praktische Bedeutung. Außer für den Verein gilt sie als allgemeiner Grundsatz für die AG (unten Rn. 323 ff.) und die GmbH (unten Rn. 259 ff.), sowie für die Personenhandelsgesellschaften, d. h. OHG (unten Rn. 201) und KG (unten Rn. 223 ff.), sowie für die BGB-Gesellschaft, soweit sie als solche nach außen auftritt (unten Rn. 201). Schließlich gilt sie für andere Organisationsformen, die nach außen erkennbar agieren.

> § 31 BGB ist (anders als § 831 BGB) keine Anspruchsgrundlage, sondern wie § 278 BGB eine reine Zurechnungsnorm.
> Das bedeutet: Man prüft einen Anspruch z. B. aus § 823 Abs. 1 BGB gegen das Vorstandsmitglied, der dann nach § 31 BGB dem Verein zugerechnet wird. § 31 BGB kann aber auch zur Zurechnung von Pflichtverletzungen im Rahmen eines vorvertraglichen Schuldverhältnisses (culpa in contrahendo, §§ 280 Abs. 1, 311 Abs. 2 BGB) eingreifen. Innerhalb eines Vertrages wird teilweise statt § 31 BGB eine Zurechnung mit dem Vorstand als **„Erfüllungsgehilfe"** nach § 278 S. 1, 1. Var. BGB angenommen, wobei die Möglichkeit eines Haftungsausschlusses für vorsätzliche Pflichtverletzungen (§ 278 S. 2 BGB erlaubt Abweichungen von § 276 Abs. 3 BGB) dem Verein nicht eingeräumt wird. Einfacher ist es, in der Klausur stets § 31 BGB als Zurechnungsnorm anzuwenden.

78 § 31 BGB findet nur Anwendung auf **Vorstandsmitglieder und in der Satzung benannte „besondere Vertreter"** (oben Rn. 75) – also weder auf Handlungen von Vereinsmitgliedern noch auf Handlungen von einfachen Angestellten. Diese Lücke wird durch das sog. „Organisationsverschulden" geschlossen. Der Verein muss analog § 31 BGB dafür einstehen, wenn an einer Stelle, für die eigentlich ein Vorstandsmitglied oder ein besonderer Vertreter vorhanden sein

müsste, die erforderliche Person fehlt. Durch schlichte Fehlorganisation kann eine Haftung daher nicht vermieden werden.

→ Entscheidungen 12, 13
→ Fall 1

2. Haftung von Vorstandsmitgliedern. Der Vorstand haftet dem Verein aus seinem **Anstellungsverhältnis** nach § 280 BGB für die ordnungsgemäße Erfüllung seiner Pflichten. § 31a Abs. 1 BGB privilegiert allerdings Vorstände, die eine Vergütung von 720 € oder weniger erhalten insoweit, als diese gegenüber dem Verein und seinen Mitgliedern nur bei Nachweis von Vorsatz oder grober Fahrlässigkeit haften. **79**

Gegenüber Dritten haftet der Vorstand vor allem aus **Deliktsrecht**, d. h. bei Verstößen gegen §§ 823 ff. BGB; in Betracht kommt auch eine **Sachwalterhaftung** aus §§ 311 Abs. 3, 280 BGB. Auch hier sieht § 31a Abs. 2 BGB eine Privilegierung für Vorstandsmitglieder vor, die bis zu 720 € pro Jahr verdienen: Zwar müssen diese an den Geschädigten zahlen. Sie erwerben jedoch, soweit ihnen nicht Vorsatz oder grobe Fahrlässigkeit nachgewiesen wird, einen Anspruch im Innenverhältnis zum Verein auf Befreiung von der Verbindlichkeit. **80**

→ Entscheidung 14

3. Haftung der Mitglieder. Eine Haftung der Mitglieder des Vereins für Vereinsschulden besteht grundsätzlich nicht (sog. **Haftungsprivileg**, ebenso in der AG, § 1 Abs. 1 S. 2 AktG, und der GmbH, § 13 Abs. 2 GmbHG). Das Vermögen des Vereins ist nicht Vermögen der Mitglieder und umgekehrt (sog. **Trennungsprinzip**). Jedoch wird wie bei allen juristischen Personen eine Durchbrechung in Missbrauchsfällen („Durchgriffshaftung", „piercing the corporate veil") diskutiert. Ein solcher Durchgriff auf das Privatvermögen wird jedenfalls zugelassen, wenn die Abgrenzung zwischen dem Vermögen des Vereins und den dahinter stehenden Mitgliedern in einer gegen Treu und Glauben verstoßenden Weise verschleiert wird. **81**

→ Entscheidungen 15, 16

Im Übrigen wird ein Durchgriff hingegen in fast allen denkbaren Konstellationen abgelehnt. Insbes. genügt es nicht, wenn ein eingetragener Verein sich in erheblichem Umfang wirtschaftlich betätigt und sein ideeller Zweck dabei in den Hintergrund tritt. Richtige Sanktion hierfür ist die Löschung aus dem Vereinsregister nach § 395 FamFG, nicht die Konstruktion einer Durchgriffshaftung der Mitglieder. **82**

→ Entscheidung 17

82a Vereinsmitglieder können wie Vorstandsmitglieder für den Verein tätig werden, etwa im Rahmen von Veranstaltungen. Insoweit ordnet § 31b Abs. 1 BGB wie § 31a BGB (Rn. 80) ein **Haftungsprivileg** an, soweit die hierfür gezahlte Vergütung 720 € pro Jahr nicht übersteigt: Das Gesetz schließt (zwingend) alle Ansprüche des Vereins oder von Mitgliedern aus, soweit nicht Vorsatz oder grobe Fahrlässigkeit nachgewiesen wird. Bei einer Haftung gegenüber Dritten besteht ein Anspruch auf Freistellung gegen den Verein (§ 31b Abs. 2 BGB), soweit nicht Vorsatz oder grobe Fahrlässigkeit vorliegt.

V. Stellung der Mitglieder („Mitgliedschaft")

83 Als „**Mitgliedschaft**" bezeichnet man die Summe aller Rechte und Pflichten, die sich aus dem Verhältnis einer Person zu einer Körperschaft ergibt (also nicht nur beim Verein, sondern auch bei der AG, Rn. 360, und GmbH, Rn. 307).

84 **1. Erwerb und Verlust der Mitgliedschaft.** Eine Person wird Mitglied durch **Beitritt** zum Verein, der in der Satzung näher ausgestaltet werden soll (§ 58 Nr. 1 BGB). Regelmäßig erfordert dies einen Vertrag zwischen dem neuen Mitglied und dem Verein. Erforderlich ist mindestens eine Willenserklärung des Beitretenden; eine Zwangsmitgliedschaft würde gegen die verfassungsrechtlich gewährleistete „negative Vereinigungsfreiheit" (Art. 9 Abs. 1 GG) verstoßen. Denkbar ist aber ein Aufnahmeangebot an die Allgemeinheit („*ad incertas personas*"), das nur noch vom künftigen Mitglied angenommen werden muss. Ausnahmsweise besteht eine Pflicht des Vereins zur Aufnahme von Personen aus §§ 826, 249 BGB (als „Naturalrestitution" bei vorsätzlich sittenwidriger Schädigung), aus § 20 Abs. 5 GWB oder aus der Vereinigungsfreiheit (Art. 9 Abs. 1 GG), wenn

- der Verein eine **marktbeherrschende Stellung** einnimmt *oder* der Verein eine derart erhebliche wirtschaftliche und soziale Machtstellung besitzt, dass der Bewerber zur Verfolgung oder Wahrung wesentlicher Interessen auf die Mitgliedschaft angewiesen ist,
- die Ablehnung zu einer ungleichen und unbilligen **Behandlung** im Vergleich zu den aufgenommenen Mitgliedern führt, sowie
- die Ablehnung der Aufnahme im Verhältnis zu den bereits aufgenommenen Mitgliedern sachlich **nicht gerechtfertigt** ist.

Beispiele: 85
Eine solche bedeutende Stellung kommt etwa der IG Metall zu (Entscheidung 18); bei rein geselligen Vereinen fehlt es an einer solchen Stellung auch dann, wenn es keine Konkurrenz gibt (Entscheidung 19); bei Parteien ist ein Aufnahmezwang nach § 10 Abs. 1 S. 1 PartG ausgeschlossen.

Im Verein ist die Mitgliedschaft grundsätzlich **nicht übertragbar und nicht vererblich**, die Ausübung von Rechten kann nicht auf Dritte übertragen werden (§ 38 BGB). Anders ist dies namentlich bei der AG (unten Rn. 360), wo „Aktien“ grundsätzlich frei handelbar und vererblich sind; auch bei der GmbH sind „Geschäftsanteile“ grundsätzlich frei übertragbar und stets vererblich (unten Rn. 307). Im Verein können entsprechende Regelungen geschaffen werden, um die Übertragung der Mitgliedschaft zu ermöglichen. Dann kann die Mitgliedschaft auch durch einen Vertrag zwischen altem und neuem Mitglied übertragen werden. 86

Die Mitgliedschaft endet mit **Tod** des Mitglieds (§ 38 S. 1 BGB) sowie durch **Austritt** (§ 39 BGB). Ohne Satzungsbestimmung ist dieser jederzeit möglich; es kann aber eine Kündigungsfrist oder eine Wirksamkeit nur zum jeweiligen Geschäftsjahrsende vorgesehen werden (§ 39 Abs. 2 BGB). Möglich (und unabdingbar) bleibt aber für beide Seiten die jederzeitige fristlose Kündigung der Mitgliedschaft aus wichtigem Grund (§ 314 BGB). 87

→ Entscheidung 20 und 21

2. Rechte und Pflichten der Mitglieder. – a) Allgemeines. Zur Mitgliedschaft gehören regelmäßig folgende Kernrechte: 88

- als „**Mitverwaltungsrechte**“ das Stimmrecht sowie aktives und passives Wahlrecht zu Ämtern des Vereins,
- sowie als „**Vermögensrechte**“ das Recht, an Veranstaltungen des Vereins teilzunehmen sowie vom Verein zum Gebrauch der Vereinsmitglieder bestimmte Sachen zu nutzen (Tennisplätze, Clubhaus, Sporthalle ...) und möglicherweise ein Anspruch auf einen Anteil am Vereinsvermögen nach Liquidation (§ 45 Abs. 3 BGB).

Die Mitgliedschaft kann auch **Pflichten** mit sich bringen, namentlich 89

- die Pflicht, **Beiträge** zu leisten, soweit die Satzung dies entsprechend § 58 Nr. 2 BGB vorsieht (generell genügt es, dass die Satzung Grund und Art der Beitragspflicht erkennen lässt und die Bezifferung z. B. dem Vorstand überlässt; die Zahlungspflicht endet mit Eintritt der Insolvenz, sofern die Satzung nichts anderes bestimmt),

- sowie diverse Nebenpflichten, z. B. die Pflicht, an **Veranstaltungen** des Vereins teilzunehmen, oder die Pflicht, ein **Amt** im Verein zu übernehmen.

90 Daneben gilt im Verein eine „**Treupflicht**" (ähnlich der allgemeinen Rücksichtsnahmepflicht aus § 241 Abs. 2 und § 242 BGB). Im Vergleich zu den noch näher zu untersuchenden Personengesellschaften (unten Rn. 164) ist diese aber schwächer ausgebildet: Der Verein verwirklicht seinen Zweck weitgehend unabhängig von seinen Mitgliedern, es besteht oft keine persönliche Beziehung untereinander. Dementsprechend sind Treupflichtverletzungen im Vereinsrecht eine seltene Erscheinung.

91 **b) Gleichbehandlungsgrundsatz.** Innerhalb des Vereins gilt ein „**Gleichbehandlungsgrundsatz**" (in der AG ausdrücklich § 53a AktG), der allerdings vertraglich abdingbar ist. § 35 BGB erlaubt ausdrücklich, einzelnen Mitgliedern oder bestimmten Mitgliedergruppen (allen Frauen, allen Jugendlichen unter 18, ...) „Sonderrechte" einzuräumen, die danach nur noch mit Zustimmung der Betroffenen beeinträchtigt werden dürfen. Solche Sonderrechte können etwa eine Befreiung von der Beitragspflicht, die Einräumung einer Organposition oder auch ein stärkeres Stimmrecht in der Mitgliederversammlung sein.

92 **c) Folgen von Pflichtverletzungen.** Bei Verstoß eines Mitglieds gegen seine Pflichten, einschließlich der Treupflichten, können Sanktionen („**Vereinsstrafen**") verhängt werden. Die schärfste Waffe des Vereins ist dabei der zwangsweise Ausschluss aus wichtigem Grund, der einseitig die Mitgliedschaft beendet. Der Ausschluss ist einer gerichtlichen Kontrolle jedenfalls dann zugänglich, wenn die Aufnahme hätte erzwungen werden können, d. h. bei einer marktbeherrschenden Stellung (oben Rn. 84).

→ Entscheidung 22

93 Daneben sind auch der Ausschluss von einzelnen Veranstaltungen, die Verhängung von **Geldbußen** (= pauschalierter Schadensersatz oder Vertragsstrafe; gerichtliche Herabsetzungsmöglichkeit bei unverhältnismäßiger Höhe nach § 343 BGB) oder auch ein „Ruhen der Mitgliedschaftsrechte" denkbar. In all diesen Fällen erfolgt eine gerichtliche **Kontrolle** im Hinblick auf das Vorliegen einer ordnungsgemäßen Satzungsgrundlage (Sanktionen ohne entsprechende Basis sind unzulässig!), die Einhaltung des dort vorgesehenen Verfahrens und allgemein auf Verstöße gegen das Willkürverbot sowie extreme Verletzungen des Verhältnismäßigkeitsgrundsatzes sowie auf eine ordentliche Tatsachenermittlung. Einzelne Verfahrensbestimmungen können allerdings wegen Verstoßes gegen wesentliche rechtstaatliche Grundsätze (keine Selbstbelastungspflicht, Unschuldsvermutung, ...) unwirksam sein.

3. Die „Mitgliedschaft" als geschütztes Recht. Verletzt ein Organ des Vereins gezielt die Mitgliedschaft eines Mitglieds, hat dieses einen Schadensersatzanspruch aus § 280 Abs. 1 BGB (die „Mitgliedschaft" ist ein „Schuldverhältnis" im Sinne dieser Regelung). **94**

→ Entscheidung 23

Die Mitgliedschaft ist darüber hinaus auch als subjektives Recht (insbes. als „sonstiges Recht" i. S. v. § 823 Abs. 1 BGB) anerkannt, welches bei vorsätzlichen **und fahrlässigen** Eingriffen Schadensersatzansprüche aus dem Deliktsrechts nach sich zieht. Soweit Vorstandsmitglieder derartige Eingriffe vornehmen, muss der Verein nach § 31 BGB dafür einstehen. **95**

→ Entscheidung 24
→ Fall 2

VI. Das Ende des Vereins

Es ist zwischen der „**Auflösung**" (= Beendigung des Vereinslebens) und dem endgültigen „Erlöschen" des Vereins zu unterscheiden. Zwischen diesen beiden Zeitpunkten erfolgt die „**Abwicklung**" (Liquidation). Dabei werden zunächst die Schulden des Vereins beglichen und ein etwaiger Rest den in der Satzung benannten Personen zugewandt (§ 45 BGB), wobei der Verein soweit nötig als fortbestehend behandelt wird (§ 49 Abs. 2 BGB). **96**

Ein Verein wird (unabdingbar) aufgelöst durch Beschluss der Mitgliederversammlung (§ 41 BGB) sowie bei Wegfall aller Mitglieder. Daneben kann die Satzung aber auch weitere Fälle vorsehen. **97**

Von der Auflösung unterscheidet das Gesetz den **Verlust der Rechtsfähigkeit**, insbes. durch Eröffnung des Insolvenzverfahrens über das Vereinsvermögen (§ 42 Abs. 1 BGB), sowie bei Herabsinken der Mitgliederzahl unter drei (d. h. es gibt nur noch zwei Mitglieder, § 73 BGB) und bei Löschung aus dem Vereinsregister (§ 395 FamFG). In diesen Fällen erfolgt keine automatische Liquidation, sondern der rechtsfähige Verein wird zu einem nichtrechtsfähigen Verein, der unter Umständen als Personengesellschaft behandelt wird (näher Rn. 99). Es handelt sich um einen Umwandlungsvorgang außerhalb des Umwandlungsgesetzes (unten Rn. 404 ff.), d. h. alle Rechte und Pflichten des ehemals rechtsfähigen Vereins treffen nun den nicht rechtsfähigen Verein. **98**

VII. Nicht rechtsfähige Vereine

99 Verfolgt ein Verein **wirtschaftliche Zwecke**, wird er regelmäßig nicht die zur Erlangung des Haftungsprivilegs erforderliche staatliche Genehmigung (oben Rn. 42) erlangen können. Soll aber dennoch keine AG oder GmbH gegründet werden, sondern stattdessen die Tätigkeit als „Verein" durchgeführt werden, bestimmt § 54 S. 1 BGB, dass der Verein trotz anderweitiger (unzutreffender!) Bezeichnung nur eine Personengesellschaft, d. h. „BGB-Gesellschaft" oder bei entsprechender Größe „offene Handelsgesellschaft", ist (Rn. 106). Jedenfalls soweit das Personengesellschaftsrecht abdingbar ist, greift aber im Innenverhältnis an Stelle der dispositiven Regelungen Vereinsrecht.

100 Eine zwingende und nicht durch Verträge abdingbare gesetzliche Regelung des Personengesellschaftsrechts ist allerdings die **persönliche Haftung** aller (!) Gesellschafter nach § 128 S. 1 HGB (unmittelbar oder analog) für Schulden der Gesellschaft. Trotz der irreführenden amtlichen Überschrift des § 54 BGB berührt die fehlende Genehmigung aber **nicht** die „Rechtsfähigkeit", d. h. die Möglichkeit, Träger von Rechten und Pflichten zu sein (§ 14 Abs. 2 BGB, § 124 HGB): Sowohl OHG als auch BGB-Gesellschaft sind rechtsfähig (oben Rn. 36). In prozessualer Sicht stellen §§ 50 Abs. 2, 735 ZPO und § 11 Abs. 1 S. 2 InsO nichtrechtsfähige Vereine rechtsfähigen Vereinen gleich. Wie eine Personengesellschaft (oben Rn. 194 ff.) ist auch ein nichtrechtsfähiger Verein grundbuchfähig, kann also insbes. als Eigentümer eines Grundstücks formal eingetragen werden.

101 Von diesen praktisch kaum relevanten „nicht rechtsfähigen wirtschaftlichen Vereinen" sind die **nicht rechtsfähigen „Idealvereine"** zu unterscheiden. Um sich einer staatlichen Kontrolle zu entziehen, haben sich nämlich historisch viele Parteien und Gewerkschaften nicht im Vereinsregister eintragen lassen und sind damit nach der Systematik des Gesetzes „nicht rechtsfähig". Würde man die obige Aussage konsequent anwenden, müssten in diesen Fällen alle (!) Mitglieder mit ihrem Privatvermögen für alle Schulden des Vereins einstehen. Dies wäre kaum mit der Rechtswirklichkeit zu vereinbaren. Seit Entstehung der Bundesrepublik hat sich daher ein im Gesetz nicht angelegtes Sonderrecht des „nicht rechtsfähigen" Vereins entwickelt (es geht dabei aber trotz der Bezeichnung ausschließlich um die erwähnten „nie eingetragenen, aber eintragungsfähigen" Vereine).

102 Schließlich kann sich ein Verein auch im Zeitraum zwischen Abschluss des Gründungsvertrags (oben Rn. 33) und der Eintragung (oben Rn. 36) als sog.

„**Vorverein**“ außerhalb der Regelungen des eingetragenen Vereins bewegen. Auch insoweit wird § 54 S. 1 BGB nicht uneingeschränkt angewandt – vielmehr soll es sich wie beim nie eingetragenen Idealverein um ein Konstrukt „sui generis“ handeln (siehe auch die Vorgesellschaften bei der AG, s. Rn. 333, sowie der GmbH, s. Rn. 163).

Das Besondere der richterrechtlichen Konstruktion des „nicht eingetragenen **103**
Idealvereins“ und des Vorvereins liegt darin, dass entgegen der durch den Verweis auf die §§ 705 ff. BGB naheliegenden analogen Anwendung des § 128 HGB (s. Rn. 202) die Mitglieder des nicht eingetragenen, aber eintragungsfähigen Vereins **nicht persönlich haften**. Vielmehr haftet wie bei einem eingetragenen Verein nur das Vereinsvermögen.

→ Entscheidungen 25 und 26

Keine Korrektur kann jedoch die eindeutige Vorschrift des § 54 S. 2 BGB erfah- **104**
ren, wonach die **Handelnden**, d. h. die konkret für den Verein auftretenden Vorstandsmitglieder, persönlich neben dem Verein für die von ihnen begründete Verbindlichkeit haften. Ihnen steht nach § 27 Abs. 3 BGB i. V. m. § 670 BGB ein Freistellungsanspruch gegen den Verein zu. Parallele Regelungen finden sich im GmbH-Recht (§ 11 Abs. 2 GmbHG, s. Rn. 264) und im Aktienrecht (§ 41 Abs. 1 S. 2 AktG) und sogar EG-weit für alle Kapitalgesellschaften (Art. 7 der Richtlinie 68/151/EWG) – also auch für die britische Limited (s. Rn. 396 ff.).

Gewisse Probleme gibt es bei **Vertretung und Geschäftsführung**: Wegen der **105**
persönlichen Haftung gilt im deutschen Recht für die Personengesellschaften (mit Ausnahme der EWIV) der Grundsatz der „Selbstorganschaft“ (s. Rn. 149) – d. h. obwohl Nicht-Gesellschaftern Vertretungsmacht (einschließlich „Handlungsvollmacht“ und „Prokura“ bei OHG und KG) eingeräumt werden kann, liegt die originäre „organschaftliche“ Vertretung und Geschäftsführungsbefugnis stets zwingend bei einem oder mehreren Gesellschaftern. Bei einem nichtrechtsfähigen Verein spricht jedoch systematisch viel dafür, wie bei einem rechtsfähigen Verein insoweit auf § 26 BGB abzustellen, wonach (wie bei AG, s. Rn. 337, und GmbH, s. Rn. 293) auch beliebige Dritte (sogar allein-)vertretungsberechtigte Vorstandsmitglieder sein können. Mangels Eintragung können Beschränkungen der Vertretungsmacht allerdings keine Außenwirkung erlangen. Während dies bei den nicht eingetragenen Idealvereinen (oben Rn. 69) in der Tat so gesehen wird, gibt es bei den nicht genehmigten Vereinen mit wirtschaftlichem Zweck bislang keine entsprechenden Tendenzen.

→ Fall 3

3. Kapitel BGB-Gesellschaft und Offene Handelsgesellschaft

I. Grundbegriffe: Abgrenzung GbR und OHG

106 Wenn sich zwei oder mehr Personen zu einem gemeinsamen Zweck rechtlich verbindlich (d. h. durch einen „Gesellschaftsvertrag“) zusammenschließen ohne weitere Aktivitäten (namentlich: Eintragung in einem staatlichen Register), entsteht regelmäßig eine „Personengesellschaft“. Je nachdem, ob sie nach Art und Umfang einen kaufmännisch eingerichteten Gewerbebetrieb benötigen (§ 1 Abs. 2 HGB), handelt es sich um eine „Gesellschaft bürgerlichen Rechts“ („GbR“, §§ 705 ff. BGB) oder um eine „Offene Handelsgesellschaft“ (OHG, §§ 105 ff. HGB). Sind kaufmännische Einrichtungen nach Art oder Umfang der Tätigkeit nicht erforderlich und handelt es sich trotzdem um ein „Gewerbe“ (§ 2 HGB) oder wird nur eigenes Vermögen verwaltet (§ 105 Abs. 2 HGB), kann eine einmal gegründete Gesellschaft bürgerlichen Rechts durch (freiwillige) **Eintragung** im Handelsregister zur offenen Handelsgesellschaft werden. Einen umgekehrten „Verzicht“ auf die Eigenschaft als OHG für große Unternehmen (und damit die freiwillige Entscheidung für eine BGB-Gesellschaft) gibt es hingegen nicht.

Ein **„Gewerbe“** in diesem Sinne ist jede auf Dauer angelegte selbständige, entgeltliche Tätigkeit, die nicht freiberuflich ist.

→ Übersicht Kaufmannsbegriff und Gewerbe

107 Aufgrund ihrer schnellen und einfachen Gründung haben Personengesellschaften trotz der persönlichen Haftung der Gesellschafter (unten Rn. 202) eine erhebliche praktische Bedeutung.

108 **Beispiel:**
Projektbezogene Arbeitsgemeinschaften, aber auch eine gemeinsame Urlaubsreise können Personengesellschaften darstellen; auch große Anwaltskanzleien können sich als BGB-Gesellschaft (oder als Partnerschaftsgesellschaft, Rn. 382) organisieren.

Die Bezeichnung als „**Personengesellschaft**“ darf nicht zu der Annahme verführen, dass nur Menschen als Gesellschafter auftreten dürfen. Vielmehr können sich auch juristische Personen und andere Gesellschaften an einer Gesellschaft beteiligen. 109

Beispiel: 110
Die GmbH & Co KG (unten Rn. 428 ff.) ist eine Kommanditgesellschaft, bei der nur juristische Personen (= eine oder mehrere GmbHs) unbeschränkt haften; entsprechend gibt es auch eine GmbH & Co OHG (§ 130a HGB).

Interessanterweise eröffnet das Gesetz auch die Möglichkeit reiner „**Innengesellschaften**“, die nach außen nicht als Gesellschaft auftreten. Dabei tritt nur ein Gesellschafter nach außen auf, der durch Beiträge der Hintermänner gefördert wird (die dafür gewisse Kontrollrechte haben sowie an Gewinn und Verlust partizipieren). Ein „Gesellschaftsvermögen“ existiert in diesen Fällen in der Regel nicht, vielmehr gehen die Beiträge unmittelbar an den nach außen auftretenden Gesellschafter (unten Rn. 374). 111

Eine OHG ist immer eine Außengesellschaft („unter gemeinsamer Firma“), eine BGB-Gesellschaft kann auch Innengesellschaft sein. Für die Beteiligung an einem kaufmännischen Gewerbe ist die die „stille Gesellschaft“ im Handelsrecht die einschlägige Spezialform (§§ 230 ff. HGB, unten Rn. 375).

II. Entstehung

1. Gesellschaftsvertrag. Für die Gründung einer BGB-Gesellschaft oder einer OHG ist jeweils ein wirksamer Gesellschaftsvertrag erforderlich, d. h. die Einigung über die gemeinsame Verfolgung eines bestimmten Zwecks mit der einklagbaren Pflicht, diesen (insbes. durch bestimmte Beiträge) zu fördern. Es müssen mindestens zwei Personen beteiligt sein (zur Erinnerung: ein eingetragener Verein braucht sieben Gründungsmitglieder, s. Rn. 34; für eine GmbH oder AG reicht ein einzelner Gründer, s. Rn. 267). Eine besondere Form für den Vertrag besteht nicht, allerdings kann z. B. notarielle Beurkundung erforderlich sein, wenn etwa ein Grundstück (§ 311b Abs. 1 BGB) oder GmbH-Geschäftsanteile (§ 15 Abs. 4 GmbHG) als Beitrag erbracht werden sollen. Aus Be- 112 weiszwecken wird bei unternehmerischen Gesellschaften regelmäßig freiwillig die Schriftform (§ 126 BGB) gewählt.

113 Besondere Probleme wirft die Beteiligung von **Minderjährigen** (§§ 106, 2 BGB: 7–18 Jahre) auf: Da Gesellschaftsverträge nicht nur rechtliche Vorteile mit sich bringen, bedürfen sie der Einwilligung oder Genehmigung des gesetzlichen Vertreters (§§ 107 f. BGB). Wenn es um den Betrieb eines Erwerbsgeschäfts geht (stets bei einer OHG oder bei einer unternehmerisch tätigen BGB-Gesellschaft), muss sogar eine familiengerichtliche Genehmigung eingeholt werden (§§ 1643 Abs. 1, 1822 Nr. 3 BGB). Wenn die Eltern selbst Gesellschafter werden sollen, muss darüber hinaus ein Ergänzungspfleger (für jedes Kind ein eigener!) bestellt werden (§ 1909 BGB), der an Stelle der Eltern für das Kind die Annahmeerklärung im Rahmen des Vertrages abgibt.

114 Eine Gesellschaft kann auch dadurch entstehen, dass sich ein oder mehrere Personen an einem bereits existierenden, von einem Einzelnen betriebenen Unternehmen **beteiligen**. Für die OHG findet sich hierzu eine besondere Regelung in § 28 HGB. Danach haftet die OHG grundsätzlich auch für die Schulden, die der Einzelkaufmann vor Gründung der Gesellschaft eingegangen ist, während die von ihm begründeten Forderungen auf die OHG übergehen. Die Gründer können etwas anderes vereinbaren – Wirkung gegenüber den Schuldnern und Gläubigern entfaltet diese Vereinbarung aber nur, wenn sie im Handelsregister eingetragen und bekanntgemacht wird (§ 28 Abs. 2 HGB). Insoweit wird eine Haftungskontinuität geschaffen. Für die BGB-Gesellschaft fehlt eine entsprechende Regelung. Für freiberufliche Tätigkeiten (Anwalt, Architekt, Arzt) wird eine Haftungsübernahme bei Berufspflichten bzw. Berufspflichtverletzungen unter Hinweis auf den Rechtsgedanken des § 8 Abs. 2 PartGG (unten Rn. 385) abgelehnt. Dies gilt jedoch nicht für „Jedermannspflichten", z. B. aus Miete oder Kauf.

115 **a) Inhalt des Vertrages.** Kerninhalt des Gesellschaftsvertrages ist die Bestimmung des **„gemeinsamen Zwecks"**, den die Gesellschafter verfolgen wollen. Dieser kann konkret für ein bestimmtes Ziel gefasst sein (sog. „Gelegenheitsgesellschaft", z. B. projektbezogene Arbeitsgemeinschaft) oder aber auf Dauer ausgerichtet sein („Dauergesellschaft", z. B. eine Anwaltskanzlei). Bei der BGB-Gesellschaft kann der Zweck unternehmerisch (d. h. insbes. freiberuflich oder kleingewerblich) sein, bei der offenen Handelsgesellschaft muss er auf den Betrieb eines Handelsgewerbes i. S. v. § 1 HGB oder § 2 HGB bzw. die Verwaltung eigenen Vermögens nach § 105 Abs. 2 HGB (und damit auf Dauer) gerichtet sein. Die Formulierung ist dabei frei – der Zweck kann sehr weit (*„Durchfüh-*

rung von Geschäften aller Art"), aber auch sehr spezifisch (*„gemeinsames Halten und Verwalten der Yacht Tusnelda"*) gefasst sein.

Darüber hinaus wird im Vertrag zumeist die **Pflicht zur Leistung bestimmter Beiträge** (oder Einlagen) begründet, §§ 705 f. BGB. Nach § 705 BGB verpflichten sich die Gesellschafter „gegenseitig" zur Leistung der Einlagen. Das bedeutet aber nicht, dass jedem von ihnen die Einrede des nichterfüllten Vertrages (§ 320 BGB) zusteht, bis jeder andere seine Pflichten erfüllt hat. Gläubiger sind nämlich nach modernem Verständnis (unten Rn. 194 ff.) nicht mehr die Gesellschafter, sondern die Gesellschaft – es handelt sich um „**Sozialansprüche**" (siehe § 718 Abs. 1 BGB). Diese Trennung von Gesellschaftern und Gesellschaft hat jedoch keine Bedeutung, soweit nur zwei Personen beteiligt sind („zweigliedrige Gesellschaft") und die Gesellschaft noch nicht „in Vollzug gesetzt" ist (Rn. 122). Dann spricht nichts gegen die uneingeschränkte Anwendung der §§ 320 ff. BGB. Ansonsten überwiegt der Gläubigerschutz bzw. das Interesse der „Gesellschaft" als selbstständige Organisation. **116**

Ebenso scheidet ein Rücktritt wegen Nichtleistung (§ 323 BGB) bzw. unmöglicher Leistung (§ 326 Abs. 5 BGB) aus, sobald die Gesellschaft in Vollzug gesetzt wurde (unten Rn. 122). Den Gesellschaftern verbleibt nur die Möglichkeit zur Kündigung (§ 723 BGB). Erbringt ein Gesellschafter seinen Beitrag nicht (§§ 280 Abs. 1, Abs. 3, 281 BGB), wird ihm dies nach Vertragsschluss unmöglich (§§ 280 Abs. 1, Abs. 3, 283 BGB) oder hat er gar etwas versprochen, was er schon bei Vertragsschluss nicht leisten konnte (§ 311a Abs. 2 BGB), so muss er stattdessen Schadensersatz leisten. Eine Reduktion der Leistungspflicht der anderen Gesellschafter (nach der sog. „**Differenztheorie**") ist nicht möglich. Im Fall der Schlechtleistung kann man ergänzend § 437 BGB entsprechend heranziehen: So ist insbes. eine Nacherfüllung nach § 439 BGB möglich, eine Minderung kann dergestalt erfolgen, dass der Gesellschafter nur mit einem rechnerisch gemäß § 441 BGB herabgesetzten Anteil an der Gesellschaft beteiligt ist. Ein Rücktritt ist hingegen auch insoweit ausgeschlossen. **117**

§ 706 BGB enthält eine Reihe von Auslegungsregeln hinsichtlich der Beiträge: Alle Gesellschafter müssen grundsätzlich in gleicher Höhe leisten (Abs. 1), geleistete Sachen werden grundsätzlich gemeinschaftliches Eigentum (Abs. 2). Schließlich sind (anders als in der AG, § 27 Abs. 2 a. E. AktG, unten Rn. 353 ff.) auch Dienstleistungen taugliche Beiträge (Abs. 3). Eine besondere Gläubigerschutzvorschrift findet sich in § 720 BGB i. V. m. § 407 BGB: Wenn danach eine Forderung in die BGB-Gesellschaft eingebracht wurde, kann ein Gläubiger dennoch an den ursprünglichen Gläubiger zahlen, soweit ihm dieser Vorgang **118** nicht bekannt war. Die Abwicklung erfolgt dann im Innenverhältnis zwischen der Gesellschaft und dem Gesellschafter (§ 816 Abs. 2 BGB).

119 Eine wichtige Vorschrift enthält § 718 Abs. 2 BGB: Danach gehört zum Gesellschaftsvermögen auch, was aufgrund eines dazu gehörenden Rechts oder als Ersatz für einen zum Gesellschaftsvermögen gehörenden Gegenstand erworben wird (z. B. Schadensersatzzahlungen). Dies ist einer der (seltenen) Fälle „dinglicher Surrogation" (in Abgrenzung zur schuldrechtlichen Surrogation des § 285 BGB). Ähnliche Vorschriften finden sich z. B. in §§ 1473, 2041 BGB. Diese Ersatzwirkung geschieht automatisch, anders als bei § 285 BGB muss nichts abgetreten oder sonst geleistet werden.

120 **b) Fehler im Gründungsvorgang; „Fehlerhafte Gesellschaft"**. Wenn mehrere Personen sich entschließen, eine Gesellschaft zu gründen, der Vertrag aber trotz Vorliegen einer ursprünglichen Willensübereinstimmung unwirksam ist, stellt sich die Frage, welche Rechtsfolge eintreten soll. Das BGB bestimmt, dass Verträge „nichtig" sind (z. B. in §§ 104–108, 125, 134, 138, 142 BGB). Während dies bei normalen Austauschverträgen sicherlich berechtigt ist, wird durch einen Gesellschaftsvertrag eine Organisation geschaffen, die auch Dritten gegenüber Aktivitäten entfalten kann. Darüber hinaus wirft die Rückabwicklung (wie bei allen Dauerschuldverhältnissen) erhebliche Schwierigkeiten auf. Für AG und GmbH gibt es daher spezielle Regelungen, nach denen Fehler im Gesellschaftsvertrag nur mit Wirkung für die Zukunft geltend gemacht werden können (§§ 75 ff. GmbHG, §§ 275 ff. AktG); für die Personengesellschaften fehlen hingegen entsprechende Normen. Trotzdem wird auch dort regelmäßig trotz Fehlern bei der Gründung eine jedenfalls vorläufig wirksame Gesellschaft, eine „fehlerhafte Gesellschaft", angenommen, sobald der Gesellschaftsvertrag „in Vollzug gesetzt wurde". Dann soll die eigentlich bestehende „Unwirksamkeit" ohne Bedeutung sein, zulässig ist ausschließlich (!) eine geordnete Auflösung nach den gesetzlichen Regeln. Das Bestehen einer solchen **„fehlerhaften Gesellschaft"** hat drei Voraussetzungen:

121 • Es muss überhaupt eine **Einigung** hinsichtlich der Gründung einer Gesellschaft bestehen. Die Grundsätze gelten entsprechend für die Änderung eines Gesellschaftsvertrages und den Beitritt oder Austritt eines Gesellschafters sowie die Übertragung der Gesellschafterstellung.

→ Entscheidungen 27 bis 31

- Allein der Wille der Beteiligten genügt nicht, um die Existenz der Gesellschaft entgegen den Regelungen des BGB zu bejahen. 122 Vielmehr ist auch ein tatsächliches Tätigwerden, das „**Invollzugsetzen**" der Gesellschaft erforderlich. Dies ist der Fall, wenn die Gesellschaft gegenüber Dritten als solche aufgetreten ist. Es genügt aber auch die Bildung eines gemeinsamen Gesellschaftsvermögens. Die Anmeldung einer OHG zum Handelsregister genügt hingegen nicht. Bis zur Invollzugsetzung greifen die Regelungen des BGB, d. h. jeder Gesellschafter kann die Erbringung seiner Beiträge unter Hinweis auf die Nichtigkeit verweigern.

  → Entscheidungen 32, 33

- Von diesem Grundsatz muss aber wieder eine Rückausnahme gemacht werden: 123 Der Schutz von **Geschäftsunfähigen** und beschränkt Geschäftsfähigen ist vorrangig gegenüber dem Verkehrsschutz durch die Grundsätze der fehlerhaften Gesellschaft. Kinder unter sieben Jahren, Geisteskranke und Minderjährige unter 18 Jahren können daher nur Gesellschafter sein, wenn sie ordnungsgemäß vertreten wurden (Rn. 113). Ansonsten haften sie nicht für Schulden der Gesellschaft.

  → Entscheidungen 34, 35, 36

- Dieser intensive Schutz kommt Personen, die durch eine **arglistige Täuschung** 124 (§§ 123, 142 Abs. 1 BGB) zu Gesellschaftern werden, nicht zu Gute. Im Außenverhältnis sind sie Gesellschafter und haften insbes. für Schulden der Gesellschaft. Sie werden jedoch im Innenverhältnis zu den Täuschenden (oder Drohenden) geschützt: Sie müssen keine Beiträge leisten, soweit diese ausschließlich den Täuschenden oder Drohenden zu Gute kämen und können Ausgleich für erbrachte Leistung von diesen verlangen.

  → Entscheidung 37

- Eine Gesellschaft, die auf einen **sittenwidrigen** (§ 138 BGB) oder gar **gesetzlich verbotenen** 125 (§ 134 BGB) Zweck gerichtet ist, soll nicht aus Gründen des Verkehrsschutzes Wirksamkeit erlangen. Die Haftung der Gesellschafter gegenüber den Gläubigern bleibt davon jedoch unberührt.

  → Fall 4

Soweit keiner der genannten Ausnahmetatbestände vorliegt, ist die Gesellschaft 126 zunächst im Innen- und Außenverhältnis voll wirksam. Jedoch können die Gesellschafter die Auflösung (unten Rn. 217 ff.) auf Grundlage des Fehlers bei der Gründung mit Wirkung **für die Zukunft** verlangen. Die Liquidation erfolgt dann nach den „normalen“ Regeln der OHG bzw. BGB-Gesellschaft (unten Rn. 220 ff.).

→ Entscheidungen 38 und 39

127 c) **„Scheingesellschaften“**. Eine praktisch kaum bedeutsame Konstellation soll hier nur kurz erwähnt werden. Bei einer **„Scheingesellschaft“** gibt es gar keine Gesellschaft – vielmehr wird gegenüber einem oder mehreren Gläubigern die Existenz einer eigentlich nicht vorhandenen Organisation vorgespiegelt.

128 **Beispiel:**
Kaufmann K will solventer erscheinen und tritt deshalb als „K & Co OHG“ auf.

129 Eine Scheingesellschaft ist keine Gesellschaft und daher nicht rechtsfähig, parteifähig oder insolvenzfähig. Diejenigen Personen, die sich als Vertreter dieser nicht existierenden Gesellschaft aufspielen, haften jedoch analog § 179 BGB gegenüber gutgläubigen Geschäftspartnern. Wird bei Vorliegen einer GbR oder bei Vorliegen einer Scheingesellschaft zusätzlich (!) das Vorhandensein eines unter § 1 Abs. 2 HGB fallenden Gewerbebetriebs oder einer Eintragung vorgespiegelt, greifen die Regeln des Handelsrechts zum Nachteil des Handelnden ein, er ist **„Scheinkaufmann“**.

130 In diesen Zusammenhang gehören auch **„Scheingesellschafter“**: Denkbar ist zunächst, dass ein an der Gesellschaft nicht Beteiligter sich als Gesellschafter aufspielt. Dann haftet diese Person so, als sei sie tatsächlich Gesellschafter (siehe unten Rn. 220 ff.). Erweckt umgekehrt die Gesellschaft den Eindruck, dass eine Person ihr (vertretungsberechtigter) Gesellschafter sei, obwohl dies nicht der Fall ist, muss sie sich behandeln lassen, als sei dies tatsächlich der Fall (unten Rn. 140 ff.).

131 Wichtig ist, dass der Rechtsschein stets nur zu Lasten desjenigen wirkt, der ihn gesetzt hat und nie zu seinen Gunsten.

132 **Beispiel:**
Tritt eine GbR oder OHG als „GmbH“ auf, hindert auch der gute Glaube der Geschäftspartner nicht die Haftung der Gesellschafter. „Versteckt“ sich ein Gesellschafter einer GbR und offenbart seine Identität nicht gegenüber den Gläubigern, können diese ihn (wenn sie die Wahrheit entdecken) trotzdem analog § 128 HGB in Anspruch nehmen.

2. Bei der OHG: u. U. Eintragung und Bekanntmachung. Eine OHG ist 133
nach § 106 HGB im Handelsregister einzutragen, diese Eintragung wird nach § 10 HGB bekanntgemacht. Die Bekanntmachungen sind online unter www.handelsregister-bekanntmachungen.de abrufbar, die Eintragungen unter www.handelsregister.de; alle Informationen finden sich kumuliert unter www.unternehmensregister.de.

Ob diese Eintragung **für die Entstehung der OHG maßgeblich** ist, bestimmt 134
sich nach § 123 HGB. Danach ist zwischen Gesellschaften, die allein aufgrund ihrer Aktivitäten Kaufmann sind (§ 1 Abs. 2 HGB) und Gesellschaften, die zwar ein Gewerbe betreiben, aber nach Art oder Umfang keine kaufmännische Einrichtungen benötigen (§ 2 HGB) sowie Gesellschaften, die nur eigenes Vermögen verwalten (§ 105 Abs. 2 HGB), zu unterscheiden. Nur im zuerst genannten Fall („Handelsgewerbetreibende") entsteht die OHG bereits mit Abschluss des Gesellschaftsvertrages (§ 123 Abs. 2 HGB), in den beiden anderen Fällen handelt es sich bis zur Eintragung um eine BGB-Gesellschaft.

Das bedeutet aber darüber hinaus: Eine BGB-Gesellschaft, die ein Handelsge- 135
werbe i. S. v. § 1 Abs. 2 HGB betreibt, ist selbst dann eine OHG, wenn sie nie eingetragen wird, etwa wenn die Gesellschafter nicht daran denken oder dies nicht wollen. Der Wechsel von der GbR zur OHG ist also automatisch und zwingend. Wenn die Gesellschaft nicht im Handelsregister eingetragen ist, erfolgt aber auch umgekehrt ein automatischer Wechsel von der Rechtsform der OHG in eine GbR, wenn der Umfang unter die Grenze des § 1 Abs. 2 HGB fällt. Das ist ein wesentlicher Unterschied zu GmbH und AG, die erst mit der Eintragung entstehen (§ 11 Abs. 1 GmbHG, § 41 Abs. 1 S. 1 AktG, siehe unten Rn. 263, 333 zu den Vorgesellschaften). Es handelt sich um eine Umwandlung außerhalb des Umwandlungsgesetzes (unten Rn. 404).

Auch wenn die Eintragung nicht konstitutiv wirkt, d.h. eine OHG unabhängig 136
von der Registereintragung besteht, muss die Gesellschaft eingetragen werden. Die Anmeldung kann vom Registergericht durch **Zwangsgelder** durchgesetzt werden (§ 14 HGB); die Gesellschafter haben gegenseitig einen Anspruch auf Mitwirkung bei der Anmeldung.

→ Fall 5

III. Organisation

137 Wie in allen Gesellschaften ist zwischen der Geschäftsführungsbefugnis (Befugnis im Innenverhältnis) und der Vertretungsbefugnis (Wirksamkeit gegenüber Dritten = Befugnis im Außenverhältnis) zu unterscheiden. Wie bereits hinsichtlich des Vereins dargestellt (s. Rn. 71), ist die **Geschäftsführung** auf „übliche" Tätigkeiten beschränkt, die den Gesellschaftszweck fördern (siehe § 116 Abs. 1 HGB). Nicht erfasst sind Tätigkeiten, welche die Grundlagen der Gesellschaft oder die Beziehung der Gesellschafter untereinander verändern („**Grundlagengeschäfte**" – insbes. die Begründung neuer Beitragspflichten, § 707 BGB). Im HGB ist darüber hinaus ein einstimmiger Beschluss für alle „ungewöhnlichen Geschäfte" erforderlich (§ 116 Abs. 2 HGB); eine Sonderregelung (Zustimmung nur der geschäftsführenden Gesellschafter) für die Prokura findet sich in § 116 Abs. 3 HGB.

138 **Beispiel:**
Es kann sein, dass z. B. ein Vertrag über den Verkauf eines Grundstücks nur mit Zustimmung aller Gesellschafter möglich sein soll („Geschäftsführungsbefugnis" = "Innenverhältnis") – die Unterzeichnung des Vertrages mit dem Käufer („Außenverhältnis") nach einem entsprechenden Beschluss aber durch einen Gesellschafter allein erfolgen darf („Vertretungsmacht").

139 Bei Verträgen werden beide Verhältnisse berührt – ob gehandelt werden **durfte**, entscheidet sich nach dem Innenverhältnis (Geschäftsführungsbefugnis), ob die Gesellschaft wirksam verpflichtet werden **konnte**, richtet sich nach dem Außenverhältnis (Vertretungsmacht). In der BGB-Gesellschaft sind Geschäftsführungsbefugnis und Vertretungsmacht aber grds. parallel ausgestaltet: Wer im Innenverhältnis entscheiden darf, setzt diese Entscheidung auch im Außenverhältnis um (§ 714 BGB). Gelegentlich ist die Vertretungsmacht jedoch weiter als die Geschäftsführungsbefugnis – so kann der Geschäftsführer einer GmbH auch entgegen einer Weisung der Gesellschafter die GmbH wirksam verpflichten (§ 37 Abs. 1 GmbHG, Rn. 294). Dadurch wird der Geschäftspartner geschützt, der keinen Einblick in die internen Angelegenheiten der Gesellschaft hat. Die Gesellschaft hat insoweit einen Schadensersatzanspruch; weiterhin besteht ein wichtiger Grund für die Entziehung der Vertretungsbefugnis bzw. die Abberufung als Geschäftsführer.

1. **Grundsatz.** Ohne vertragliche Vereinbarung unterscheiden sich die Geschäftsführungsbefugnis und Vertretungsmacht zwischen einer GbR und einer OHG: 140

- Soweit nichts anderes vereinbart ist, treffen die Gesellschafter einer BGB-Gesellschaft alle Entscheidungen gemeinsam (d. h. einstimmig, § 709 Abs. 1 BGB, auf Wunsch aber auch mehrheitlich, § 709 Abs. 2 BGB). Man nennt dies „**Gesamtgeschäftsführung**". Wegen § 714 BGB folgt daraus gleichzeitig auch „**Gesamtvertretung**", d. h. alle Gesellschafter müssen auch gemeinsam gegenüber den Geschäftspartnern auftreten. Im Gegensatz zur OHG (aber wie im Verein, oben Rn. 69) ist die Vertretungsmacht der Gesellschafter in einer BGB-Gesellschaft auch vom Umfang her beschränkbar. Ein Vertrauensschutz erfolgt nur über die allgemeinen Grundsätze der Anscheins- und Duldungsvollmacht. 141

Beispiel: 142
Der Gesellschaftsvertrag kann die Vertretungsbefugnis auf Geschäfte bis zu einem bestimmten Betrag oder Geschäfte aus einem bestimmten Sektor (z. B. Kauf von Getränken) beschränken.

- Für die als „Kaufmann" geltende offene Handelsgesellschaft wird diese Vorgehensweise als unpraktisch empfunden: Bei einer Gesellschaft aus drei Personen wäre es etwa zu aufwendig, wenn stets alle drei bei jedem Geschäft zustimmen müssen und alle Entscheidungen einstimmig zu treffen wären. Daher bestimmt § 114 Abs. 1 HGB, dass grundsätzlich jeder Gesellschafter allein (d. h. ohne seine Mitgesellschafter zu fragen) über die Geschäfte der OHG entscheiden darf. Auch im Außenverhältnis gilt Einzelvertretungsmacht (§ 125 Abs. 1 HGB). Für die insoweit abgeschlossenen Geschäfte haften die Gesellschaft (§ 124 HGB) und alle Gesellschafter persönlich (§ 128 HGB). Man nennt dies „**Einzelgeschäftsführung**" und „**Einzelvertretung**". Soweit die Gesellschafter als Vertreter der Gesellschaft handeln, sind sie zwar nicht selbst Kaufleute – jedoch gelten für die durch sie vertretene Gesellschaft die Vorschriften der §§ 343 ff. 143

Beispiel: 144
Ein Gesellschafter kann im Namen der OHG mündlich eine Bürgschaft für eine Forderung eines Kunden übernehmen (§ 350 HGB); er kann sich nach herrschender Meinung in analoger Anwendung der HGB-Regelung auch selbst für diese Forderung mündlich verbürgen.

145 Die Einzelgeschäftsführung kann durchaus zu Konflikten führen – das HGB sieht daher ein **Widerspruchsrecht** jedes Gesellschafters vor (ebenso für die BGB-Gesellschaft § 711 BGB). Wird einer Maßnahme widersprochen, hat sie zu unterbleiben (§ 115 Abs. 1 a. E. HGB). Die Wirksamkeit der Vertretung im Außenverhältnis bleibt davon allerdings unberührt. Sanktionen sind neben Schadensersatzansprüchen die Möglichkeit zur Erhebung einer Auflösungsklage, zur Entziehung der Geschäftsführungsbefugnis oder zum Ausschluss des betreffenden Gesellschafters in schwerwiegenden Fällen (§§ 117, 133, 140 HGB; unten Rn. 148). Diese Folgen drohen allerdings auch, wenn ein Widerspruch treuwidrig ohne sachlichen Grund erklärt wird: Dieser ist dann nicht nur unbeachtlich, sondern berechtigt seinerseits zu Schadensersatz, Ausschluss, Entziehung der Geschäftsführungsbefugnis oder Auflösung. Trotz der grundsätzlichen Verknüpfung von Geschäftsführungsbefugnis und Vertretungsmacht in der BGB-Gesellschaft (§ 714 BGB) erlischt auch dort durch einen Widerspruch nicht die Vertretungsmacht. Für deren Entziehung muss vielmehr ein wichtiger Grund vorliegen (§ 715 i. V. m. § 712 BGB). Hierdurch werden die Geschäftspartner der BGB-Gesellschaft geschützt.

→ Entscheidung 40

146 2. **Abweichende Vereinbarungen.** Sowohl in der OHG als auch in der BGB-Gesellschaft sind die gesetzlichen Regeln nicht zwingend (ausdrücklich § 109 HGB). So kann man in der GbR Einzelgeschäftsführung und Einzelvertretung vereinbaren (§ 711 BGB), in der OHG Gesamtgeschäftsführung (§ 115 Abs. 2 HGB) und Gesamtvertretung (§ 125 Abs. 2 HGB). Auch Kombinationen sind denkbar – etwa Gesamtgeschäftsführung mit Einzelvertretung. Schließlich sind auch Mischformen denkbar, z. B. eine Mehrheitsgeschäftsführung oder Mehrheitsvertretung wie beim Vereinsvorstand (§ 26 Abs. 2 BGB, Rn. 69). Im HGB gibt es darüber hinaus die Möglichkeit zur „gemischten Gesamtvertretung", bei der entweder mehrere Gesellschafter gemeinsam handeln oder ein Gesellschaft mit einem Prokuristen (§ 125 Abs. 3 HGB). Auf die Geschäftsführungsbefugnis hat dies aber keine Auswirkung.

147 Nach § 716 Abs.1 BGB (bzw. § 118 HGB) hat jeder Gesellschafter einer BGB-Gesellschaft grundsätzlich ein umfangreiches **Kontrollrecht**, welches sogar die Einschaltung von Sachverständigen erlaubt. Dieses Recht ist zwar im Gesellschaftsvertrag einschränkbar (wovon oft Gebrauch gemacht wird). Ein Ausschluss oder eine Einschränkung haben aber keine Wirkung, soweit der begründete Verdacht unredlicher Geschäftsführung besteht (§ 716 Abs. 2 BGB).

Möglich ist es auch, einzelne Gesellschafter von der Geschäftsführung (§ 710 **148**
Abs. 1 S. 1, 1. Var. BGB) oder Vertretung **auszuschließen**, ausnahmsweise auch gegen deren Willen (§ 712 Abs. 1 BGB, § 715 BGB). In der BGB-Gesellschaft genügt hierzu ein Beschluss der übrigen Gesellschafter. In der OHG ist demgegenüber für die Entziehung der Geschäftsführungsbefugnis gegen den Willen eines Gesellschafters aber die Erhebung einer speziellen Gestaltungsklage durch die anderen Gesellschafter (§ 117 HGB) erforderlich; Entsprechendes gilt für die Entziehung der Vertretungsbefugnis (§ 127 HGB). Erforderlich hierfür ist der Nachweis eines „wichtigen Grundes".

Dritte können neben den Gesellschaftern als Letztentscheidungsorgan rechts- **149**
geschäftlich (aber nicht als Organ) mit Geschäftsführungsaufgaben betraut werden (§§ 675, 612 BGB) und zu Bevollmächtigten bzw. bei der OHG zu Prokuristen oder Handlungsbevollmächtigten bestellt werden. Unzulässig ist es jedoch, **alle** Gesellschafter von Geschäftsführung und Vertretung auszuschließen und diese ausschließlich einem Dritten (z. B. einem Prokuristen in der OHG) zu überantworten. In Deutschland gilt für die Personengesellschaften nämlich der Grundsatz der „**Selbstorganschaft**" (oder umgekehrt das „**Verbot der Fremdorganschaft**"). Dieser besagt, dass gerade wegen der unbeschränkten persönlichen Haftung der Gesellschafter nicht ein Dritter (wegen § 128 HGB letztlich) allein über das Privatvermögen der Gesellschafter verfügen können soll. Das bedeutet aber auch, dass dem Recht zur Geschäftsführung eine Pflicht entspricht: Die Gesellschafter **müssen** an der Geschäftsführung mitwirken, soweit sie nicht davon ausgeschlossen sind (wobei sie nach § 712 Abs. 2 BGB ihre Tätigkeit niederlegen können).

→ Fall 6

Nur in der BGB-Gesellschaft ist es möglich, den Umfang der Vertretungsmacht **150**
inhaltlich einzuschränken; in der OHG sind demgegenüber die zur Vertretung ermächtigten Gesellschafter stets zu *allen* gerichtlichen und außergerichtlichen Geschäften und Rechtshandlungen befugt (§ 126 Abs. 2 HGB). Ähnliche Regelungen existieren für die GmbH (§ 37 Abs. 2 GmbHG), die AG (§ 82 Abs. 1 AktG) und die Genossenschaft (§ 27 Abs. 2 GenG); siehe auch § 50 Abs. 1 HGB für Prokuristen. Es handelt sich also um einen allgemeinen handelsrechtlichen Grundsatz, nur für die „Zivilgesellschaften" sind Beschränkungen im Außenverhältnis möglich (siehe §§ 70, 26 BGB zum Verein); für die Partnerschaftsgesellschaft (unten Rn. 383) gilt demgegenüber nach § 7 Abs. 3 PartGG die Regelung des OHG-Rechts entsprechend. Ein Missbrauch der Vertretungsmacht, insbes. so genanntes "**kollusives Zusammenwirken**" (Kollusion), können aber

ausnahmsweise dazu führen, dass der Vertrag trotzdem keine Wirkung zu Lasten der OHG entfaltet.

→ Fall 7

151 3. **„Actio pro socio" (Gesellschafterklage).** Soweit die geschäftsführungs- und vertretungsbefugten Gesellschafter einen der Gesellschaft zustehenden Anspruch trotz Aufforderung nicht geltend machen, kann ausnahmsweise jeder (also insbes. auch ein nicht geschäftsführungsbefugter) Gesellschafter diese Ansprüche der Gesellschaft **in eigenem Namen** geltend machen. Es handelt sich um einen Fall gesetzlicher Prozessstandschaft. Dieses Recht ist unverzichtbar und kann auch im Vertrag nicht abbedungen werden.

→ Fall 8

IV. Stellung der Gesellschafter

152 1. **Rechte und Pflichten der Gesellschafter.** Die **„Gesellschafterstellung"** in OHG und BGB-Gesellschaft ist im Vergleich zur „Mitgliedschaft" in Körperschaften, wie dem Verein, der GmbH oder der AG, stärker personengebunden. Dennoch umfasst sie (wie dort) (Mit-)Verwaltungsrechte und Vermögensrechte einerseits, sowie Pflichten andererseits:

153 a) **(Mit-)Verwaltungsrechte.** Die **Verwaltungsrechte** umfassen die Befugnis zur Geschäftsführung (oben Rn. 141) und das Kontrollrecht nach § 716 BGB bzw. § 118 HGB (oben Rn. 147), aber auch das Stimmrecht in Grundlagenangelegenheiten (oben Rn. 137). Grundsätzlich sind die Gesellschafter dabei gleichberechtigt (§ 109 Abs. 2 HGB, § 709 Abs. 2 BGB) – die Höhe ihrer Beteiligung ist ohne Relevanz. Die Mitverwaltungsrechte sind nicht separat von der Gesellschafterstellung übertragbar (**„Abspaltungsverbot"**, § 717 BGB), siehe Rn. 315 zur Parallelproblematik bei der GmbH.
Bei Änderungen des Gesellschaftsvertrages ist zwar grundsätzlich Einstimmigkeit erforderlich – jedoch kann auch hier Abweichendes vereinbart werden. Erforderlich ist jedoch, dass diejenigen Änderungen, die mit Mehrheit vorgenommen werden sollen, hinreichend bestimmt sind und (zusätzlich) nicht der Kernbereich der Gesellschafterstellung betroffen ist.

→ Entscheidung 41

b) Vermögensrechte. – aa) BGB-Gesellschaft. Zu den **Vermögensrechten** gehören der Anspruch auf einen Anteil am Auseinandersetzungsguthaben (§ 734 BGB) sowie auf einen Gewinnanteil (§§ 721, 722 BGB). Bei kurz befristeten Gesellschaften entfällt ein Anspruch auf den Gewinnanteil (§ 721 Abs. 1 BGB), ansonsten wird dieser regelmäßig zum Ende des Geschäftsjahrs ermittelt (§ 721 Abs. 2 BGB). Mangels einer kaufmännischen Buchführung erfolgt bei der BGB-Gesellschaft zumeist eine formlose Gegenüberstellung des Vermögens auf der einen Seite mit der Summe aus Beiträgen und Verbindlichkeiten auf der anderen Seite. Die Verteilung erfolgt nach Köpfen (§ 722 Abs. 1 BGB) und nicht etwa nach der Höhe der Einlagen. Diese Gestaltung ist freilich abdingbar. Die aus den Vermögensrechten folgenden Ansprüche der Gesellschafter gegen die Gesellschaft bezeichnet man als „**Sozialverpflichtungen**". Dies bedeutet insbes., dass für solche Zahlungen nur die gemeinsame Gesellschaftskasse, nicht aber das Privatvermögen der Mitgesellschafter (§ 128 HGB, s. Rn. 202) haftet. **154**

Für den geschäftsführenden Gesellschafter gelten nach § 713 BGB die §§ 664–670 BGB. Danach besteht bei der BGB-Gesellschaft insbes. ein **Aufwendungsersatzanspruch** aus § 670 BGB (s. Rn. 162) und eine Herausgabepflicht nach § 667 BGB. Ein Anspruch auf Zahlung einer Vergütung für die Tätigkeit als Geschäftsführer besteht demgegenüber nach dem Gesetz nicht – schließlich handelt es sich um eine *Pflicht* der Gesellschafter (s. Rn. 164). Als Gegenleistung sind aber z. B. erhöhte Gewinnanteile denkbar. **155**

bb) OHG. Da die OHG anders als eine GbR speziell für unternehmerische Aktivitäten ausgestaltet ist, finden sich dort detaillierte Regelungen zu den Vermögensrechten. **156**

(1) Gewinn- und Verlustverteilung. Ausgangspunkt für die Vermögensrechte eines OHG-Gesellschafters ist dessen „**Kapitalanteil**", der seine Beteiligung (anders als in der BGB-Gesellschaft) ziffernmäßig ausdrückt. Es handelt sich dabei nur um eine reine Rechnungsziffer (d. h. keine Verbindlichkeit und keinen Anspruch des Gesellschafts), die nach dem gesetzlichen Leitbild allein für die Gewinnverteilung (§ 121 HGB), das Entnahmerecht (§ 122 HGB) und die Ermittlung des Auseinandersetzungsguthabens (§ 155 HGB), also die Vermögensrechte relevant ist. Insoweit unterscheidet sie sich vom Geschäftsanteil in der GmbH (s. Rn. 307 ff.) oder der Aktie in der AG (s. Rn. 360 ff.), die auch für die Mitverwaltungsrechte, insbes. das Stimmrecht bedeutsam sind. In der OHG sind demgegenüber alle Gesellschafter grundsätzlich gleichberechtigt. Ihre persönliche Verbindung untereinander steht gegenüber einer funktionsfähigen Mehrheitsherrschaft im Vordergrund. Ausgangspunkt für die Kapitalan- **157**

teile sind die Beitragsleistungen der Gesellschafter – diese sind von den Gesellschaftern frei zu bestimmen, soweit der Gesellschaft ein Vermögenswert zufließt (Rn. 118). Sie verändern sich durch stehengelassene Gewinne, zugeschriebene Verluste der Gesellschaft und Entnahmen.

158 **Ausgangspunkt** für die Gewinn- und Verlustermittlung ist die auf das Geschäftsjahr bezogene **Bilanz** (§ 120 Abs. 1 HGB i. V. m. § 242 Abs. 1 S. 1 HGB) – nicht etwa eine Gewinn- und Verlustrechnung i. S. v. § 242 Abs. 2 HGB. Anders als in AG (unten Rn. 353) und GmbH (unten Rn. 274, 281) ist dem Vermögen dabei jedoch kein Grund- bzw. Stammkapital gegenüberzustellen (§ 266 Abs. 3 A I HGB) – das Eigenkapital ist vielmehr voll ausschüttungsfähig. Maßgeblich ist der Jahresgewinn bzw. -verlust, d. h. derjenige Betrag, um den das Reinvermögen der Gesellschaft (also die Differenz zwischen „Aktiva" und „Passiva") im Lauf des Geschäftsjahres zu- oder abgenommen hat. Veränderungen im Laufe des Jahres sind ohne Bedeutung – maßgeblich ist allein die Wertdifferenz am *Jahresende*.

159 **Beispiel:**
Am Ende des Geschäftsjahrs 2012 hatte die X-OHG ein Vermögen von 3 Mio. €, denen 2 Mio. € Schulden gegenüberstehen. Am Ende des Geschäftsjahrs 2013 betrug das Vermögen 4 Mio €, denen 1,5 Mio. € Schulden gegenüberstanden. Dann betrug das Reinvermögen 2012 1 Mio. € (3 Mio. € – 2 Mio. €), das Reinvermögen 2013 dagegen 2,5 Mio. € (4 Mio. € – 1,5 Mio. €). Demgemäß betrug der Jahresgewinn im Jahr 2013 1 Mio. €.

160 Sind Gewinn oder Verlust festgestellt, wird in einem **zweiten Schritt** nach § 121 HGB die **Verteilung** bestimmt. Zunächst erhält jeder Gesellschafter von einem etwaigen Gewinn (nicht aber von einem Verlust) eine Dividende von 4 % auf seinen Kapitalanteil (§ 121 Abs. 1 HGB), darüber hinausgehende Gewinne oder Verluste (in voller Höhe) werden gleichmäßig nach Köpfen verteilt (§ 121 Abs. 3 HGB). Diese Regelung zur Verteilung von Gewinn und Verlust kann vertraglich abbedungen werden, was oft der Fall ist.

161 Der **dritte Schritt** ist die Möglichkeit zur **Entnahme** eines Vermögensanteils (§ 122 HGB), der Kapitalanteil des Gesellschafters erhöht sich um den nicht entnommenen Betrag (§ 120 Abs. 2 HGB). Die Dividende von 4 % auf den Kapitalanteil kann jeder Gesellschafter entnehmen, darüber hinausgehende Gewinnanteile nur dann, wenn die Entnahme nicht einen „offenbaren Schaden" bei der OHG verursachen würde. Auch insoweit kann der Gesellschaftsvertrag abweichendes bestimmen.

(2) Aufwendungs- und Schadensersatz. Auch der Aufwendungsersatzanspruch 162
hat in § 110 Abs. 1, 1. Fall HGB eine über § 670 BGB (i. V. m. § 713 BGB, Rn. 155) hinausgehende Regelung erfahren. Erforderlich ist ebenfalls eine Aufwendung, d. h. ein „**freiwilliges Vermögensopfer**", für das eigentlich das Vermögen der OHG hätte einstehen müssen. Nach § 110 Abs. 2 HGB ist der Anspruch sogar zu verzinsen, der Zinssatz beträgt nach § 352 Abs. 2 HGB 5 %.

Über den Aufwendungsersatz hinaus besteht nach § 110 Abs. 1, 2. Fall HGB 163
auch ein **Anspruch auf Ersatz unfreiwilliger Vermögenseinbußen** („Schäden" – allerdings nicht „immaterielle Schäden" i. S. v. § 253 Abs. 2 BGB), die ein Gesellschafter unmittelbar durch die Geschäftsführung oder aus untrennbar mit dieser verbundenen Geschäften erleidet. Erforderlich ist ein innerer Zusammenhang zwischen der Geschäftsführung und dem eingetretenen Verlust.

→ Fall 9

c) Pflichten. Zu den **Pflichten** des Gesellschafters gehört neben der Beitrags- 164
pflicht (oben Rn. 116) auch die Pflicht zur Geschäftsführung (oben Rn. 153). Ergänzend greift wie in jeder Gesellschaft die sog. „**Treupflicht**". Diese ist das organisationsrechtliche Gegenstück zur Pflicht zur Rücksichtsnahme auf „Treu und Glauben" im Rahmen von Schuldverhältnissen (§ 242 BGB). Maßstab ist weniger das „Anstandsgefühl *aller* billig und gerecht Denkenden", als vielmehr die Förderung des Gesellschaftszwecks. Die Gesellschafter müssen einerseits soweit zumutbar alles tun, um den Gesellschaftszweck zu fördern, andererseits alles unterlassen, was diesen gefährdet. Eine willkürliche oder die Gesellschaft bzw. die Mitgesellschafter übermäßig belastende Rechtsausübung ist zu vermeiden. Anders ausgedrückt: Nur weil etwas pro forma zulässig ist (z. B. ein Anspruch auf Auszahlung des Gewinns, die „Kündigung" der Geschäftsführer), kann es im Einzelfall zu einem inakzeptablen Nachteil führen (z. B. Zahlungsunfähigkeit, Handlungsunfähigkeit) und deshalb vorübergehend unzulässig sein. Die Treupflicht ermöglicht es sogar, eine Zustimmung zu einer Änderung des Gesellschaftsvertrags vor Gericht zu erzwingen.

→ Entscheidungen 42, 43, 44

Besonderer Ausdruck dieser Treupflicht ist das **Wettbewerbsverbot** des § 112 165
Abs. 1 HGB, dessen Gedanke entsprechend für unternehmenstragende BGB-Gesellschaften gilt. Solche Wettbewerbsverbote müssen stets im Hinblick auf § 1 GWB einer Abwägung der betroffenen Interessen unterzogen werden. So trifft Gesellschafter, die von der Geschäftsführung ausgeschlossen sind, regelmäßig kein Wettbewerbsverbot. Über den Wortlaut hinaus sind auch Umgehungen erfasst, etwa wenn der Gesellschafter Aufträge an seine Familie oder

seine Freunde vermittelt oder sich an einer konkurrierenden Gesellschaft beteiligt. Rechtsfolge eines schuldhaften Verstoßes ist ein Schadensersatzanspruch der OHG oder wahlweise ein Eintrittsrecht, d. h. die Gesellschaft kann den Vertrag als Schuldner und Gläubiger übernehmen.

166 Verletzt ein Gesellschafter seine Pflichten aus dem Gesellschaftsvertrag haftet er nach § 280 Abs. 1 BGB auf **Schadensersatz**. Für sein Verschulden greift jedoch der reduzierte Maßstab des § 708 BGB – danach muss ein Gesellschafter nur für die Sorgfalt einstehen, die er in eigenen Angelegenheiten anzuwenden pflegt. Er haftet aber in jedem Fall für „grobe Fahrlässigkeit" (§ 277 BGB) – also besonders eklatante Pflichtverletzungen, die jeder von Anfang an bemerkt hätte. Dahinter steht die Überlegung, dass die Gesellschafter, die eng zusammen arbeiten müssen, sich nehmen müssen, wie sie sind. Eine geringe eigenübliche Sorgfalt ist darüber hinaus ohne Bedeutung, soweit ohnehin kein Spielraum besteht, insbes. im Straßenverkehr.

→ Entscheidung 45

167 **d) Drittgläubigeransprüche und Sozialansprüche.** OHG und BGB-Gesellschaft sind rechtsfähig (§ 124 HGB, Rn. 193 ff.). Dies bedeutet, dass sie selbst Träger von Rechten und Pflichten sind und auch mit den einzelnen Gesellschaftern Verträge abschließen können. Diese Ansprüche nennt man „**Drittgläubigeransprüche**", weil der Gesellschafter wie ein beliebiger (dritter) Gläubiger auftritt.

168 **Beispiel:**
Ein Gesellschafter verkauft der GbR ein Auto (§ 433 BGB) erbringt Tätigkeiten gegen Entgelt (§ 611 BGB) oder vermietet ein Geschäftsgrundstück (§ 535 BGB).

169 In diesen Fällen muss die Gesellschaft natürlich die Ansprüche des Gesellschafters aus ihrem Vermögen begleichen. Nach § 128 S. 1 HGB ggf. in analoger Anwendung (s. Rn. 202) haften grundsätzlich aber auch **die anderen Gesellschafter** mit ihrem Privatvermögen. Allerdings wird diese persönliche Haftung durch die gesellschaftliche Treupflicht beschränkt:

- Der Gesellschafter muss zunächst (vorrangig) Zahlung von der Gesellschaft verlangen. Eine Inanspruchnahme des Privatvermögens seiner Mitgesellschafter kommt nur in Betracht, wenn die Gesellschaft nicht in der Lage ist, die Verbindlichkeit zu begleichen (die Haftung ist also anders als sonst [s. Rn. 202] **subsidär**).
- Weiterhin muss der Gesellschafter anteilig den Teil abziehen, der ihm nach § 426 BGB selbst zur Last fiele.

Beispiel: 170
(Entscheidung 46) A gründet mit 24 anderen Ärzten eine Gesellschaft, die in seinem Haus ein „Römerbad" betreibt. Für die Bereitstellung der Räume soll A monatlich 5.000 € von der Gesellschaft erhalten. Nachdem die Gesellschaft zehn Monate lang keine Miete mehr gezahlt hat, tritt A seine Forderung an B ab, der sie wiederum gegen die 24 weiteren Ärzte geltend macht. Für diesen Fall hat der BGH eine Pflicht zur vorrangigen Inanspruchnahme der Gesellschaft (entgegen § 404 BGB!) verneint, jedoch eine Geltendmachung nur in Höhe von $^{24}/_{25}$ der Gesamtsumme zugelassen, da der Anspruch gegen die Mitgesellschafter (nach Abzug des eigenen Anteils von A!) nur in dieser Höhe entstanden ist und daher B durch die Abtretung nicht mehr erwerben konnte.

Neben den „Drittgläubigeransprüchen" (Rn. 167) stehen dem Gesellschafter 171
auch Ansprüche gegen die Gesellschaft unmittelbar aus seiner Gesellschafterstellung zu („**Sozialansprüche**", Rn. 116 ff.). Dazu gehören insbes. das Entnahmerecht (§ 122 HGB, Rn. 157), Ansprüche auf Aufwendungsersatz (§ 110 HGB, Rn. 162) und Ansprüche auf einen Anteil am Gesellschaftsvermögen nach Liquidation (§ 155 HGB, Rn. 157 ff.).

Grundsätzlich besteht für solche Sozialansprüche nur eine **Haftung der Gesell-** 172
schaft, aber keine Haftung der Gesellschafter. § 128 HGB findet keine Anwendung, da diese Regelung nur Ansprüche erfasst, die nicht im Gesellschaftsverhältnis begründet sind. Einer Zahlungspflicht im Übrigen steht aber der auf GbR und OHG anwendbare § 707 BGB entgegen, wonach ein Gesellschafter nicht zu Nachschüssen verpflichtet ist. Ausgleichsansprüche können daher erst bei der Liquidation der Gesellschaft geltend gemacht werden (§ 735 BGB).

Etwas anderes soll aber gelten, wenn ein Gesellschafter eine **Gesellschafts-** 173
schuld begleicht. Dann besteht einerseits ein Anspruch aus § 110 HGB (in der BGB-Gesellschaft aus § 713 i. V. m. § 670 BGB), für den die Gesellschafter nach dem oben Gesagten nicht haften. Jedoch soll daneben ein Ausgleichsanspruch gegen die Mitgesellschafter aus § 426 BGB bestehen: Diese hätten nämlich neben dem Zahlenden nach § 128 HGB auf die Erfüllung der Gesellschaftsschuld gehaftet, wurden also von einer Verbindlichkeit befreit. Der Gläubiger durfte also jeden Gesellschafter auf Zahlung der vollen Schuld in Anspruch nehmen. Dann darf es aber keinen Unterschied machen, ob der Gesellschafter vom Gläubiger selbst oder von einem (zufällig in Anspruch genommenen) Mitgesellschafter im Regressweg in Anspruch genommen wird. Wie bei Drittgläubigeransprüchen ist aber eine vorrangige Inanspruchnahme der Gesellschaft

erforderlich. Weiterhin haften die Gesellschafter im Innenverhältnis grundsätzlich nur anteilig: Ein Gesellschafter kann also nicht wie nach § 128 HGB von jedem anderen Zahlung in voller Höhe verlangen, sondern immer nur eine anhand der individuellen Beteiligung bemessene Quote.

→ Fall 10

174 **2. Wechsel der Gesellschafter. – a) Beitritt und Übertragung.** Personengesellschaften sind (wie der Name andeutet) auf die Personen der Gesellschafter ausgerichtete Arbeits- und Haftungsgemeinschaften. Eine besondere Regelung zur Aufnahme neuer Gesellschafter gibt es aufgrund dieser engen Bindung weder im BGB noch im HGB. Insbesondere gelten nicht die Regelungen über Geschäftsführung und Vertretung.Erforderlich ist vielmehr eine Änderung des Gesellschaftsvertrags, durch **mehrseitigen Vertrag** unter Beteiligung aller aktuellen Gesellschafter und des Beitretenden. Das Einverständnis mit der Änderung kann vorweggenommen werden. So kann die Entscheidung über die Aufnahme neuer Gesellschafter an die Mehrheit der Gesellschafter oder sogar auf einen Einzelnen übertragen werden. In der OHG ist der Beitritt neuer Gesellschafter im Handelsregister einzutragen (§§ 107, 108 HGB) – der Beitritt ist aber unabhängig davon wirksam, die Eintragung wirkt rein deklaratorisch.

175 Eine Übertragung einzelner Gegenstände durch einen Gesellschafter aus dem Gesellschaftsvermögen ist (vor der Liquidation) ausgeschlossen (§ 719 BGB). Demgegenüber ist eine ***Übertragung der Gesellschafterstellung*** insgesamt in zwei Gestaltungen denkbar: Ein Gesellschafter kann aus der OHG oder der GbR ausscheiden, während gleichzeitig ein Dritter der BGB-Gesellschaft beitritt. Alternativ kann ein Gesellschafter seine Beteiligung *insgesamt* an einen Dritten oder auf einen Mitgesellschafter übertragen (§§ 398, 413 BGB). In beiden Fällen ist jedoch die Zustimmung der übrigen Gesellschafter erforderlich – dies folgt aus der Natur von GbR und OHG als Personengesellschaft (oben Rn. 174). Bis zur Erteilung der Zustimmung ist die Übertragung schwebend unwirksam; widerspricht ein Gesellschafter ist das Geschäft endgültig unwirksam. Die Rechtsfolgen der beiden genannten Vorgehensweisen sind hinsichtlich der Haftung identisch. Der neu Eintretende haftet für alte und neue Schulden (§§ 128, 130 HGB, bei der GbR in analoger Anwendung, unten Rn. 214), der Ausgeschiedene haftet nach §§ 128, 160 HGB (bei der GbR i. V. m. § 736 Abs. 2 BGB, unten Rn. 215). Konstruktiv hat die Übertragung aber den Vorteil, dass Ein- und Austritt miteinander verknüpft sind; es kann also nicht vorkommen, dass die Zahl der Gesellschafter sich unfreiwillig verändert, weil eines der beiden Geschäfte unwirksam ist. Weitere Vorteile hat die Übertragung des Anteils statt separatem Ein- und Austritt bei der Kommanditgesellschaft (Rn. 256 ff.).

Nach § 717 S. 2 BGB können auch **einzelne Vermögensrechte** des Gesellschafters, 176
namentlich der Anspruch auf den Gewinnanteil (§§ 721 f. BGB, oben Rn. 154), der Anspruch auf das Auseinandersetzungsguthaben (§ 734 BGB) sowie Ansprüche gegen die Gesellschaft aufgrund der Geschäftsführung (namentlich Aufwendungsersatz, § 713 BGB i. V. m. § 670 BGB) übertragen (und auch nach § 851 i. V. m. 857 ZPO gepfändet) werden. In der OHG kann ein Gläubiger, der das Auseinandersetzungsguthaben gepfändet hat, auch die Gesellschaft kündigen; in der BGB-Gesellschaft muss hierzu die Beteiligung insgesamt gepfändet werden (§ 725 BGB). Die Pfändbarkeit ergibt sich aus § 859 Abs. 1 S. 1 ZPO, da die Mitgliedschaft nicht übertragbar ist und daher eigentlich nicht pfändbar wäre. Voraussetzung ist weiterhin, dass der Titel, aufgrund dessen vollstreckt wird, formelle Rechtskraft erlangt hat, also nicht nur vorläufig vollstreckbar ist.

Nicht getrennt von der Gesellschafterstellung übertragbar sind demgegenüber 177
die **Mitverwaltungsrechte** etwa die Geschäftsführungsbefugnis, das Stimmrecht bei Gesellschafterbeschlüssen oder das Kontrollrecht nach § 716 BGB. Auch Umgehungsgeschäfte (etwa die Einräumung einer unwiderruflichen Stimmrechtsvollmacht) sind unwirksam.

b) Verlust der Gesellschafterstellung. In der BGB-Gesellschaft besteht grund- 178
sätzlich eine strenge persönliche Bindung der Gesellschafter. Das bedeutet, dass Änderungen in der Person eines Gesellschafters nicht nur zu dessen Ausscheiden, sondern zur Auflösung führen (§§ 723, 724, 727, 728 BGB, unten Rn. 217 ff.). Es gilt also: „Alle für einen – einer für alle". Die Gesellschafter können aber auch etwas anderes vereinbaren (sog. „**Fortführungsklausel**") – § 736 BGB sieht für diesen Fall ein schlichtes Ausscheiden des betroffenen Gesellschafters vor; die Gesellschaft wird unter den übrigen Gesellschaftern fortgesetzt. Darüber hinaus ist eine Fortführung durch einen nach der Auflösung gefassten Fortsetzungsbeschluss möglich.

Demgegenüber sind diese Regeln in der **OHG** aufgeweicht, da dort die wirt- 179
schaftlichen Interessen am Fortbestand des Unternehmens im Vordergrund stehen. Die meisten Gründe führen nicht zur Auflösung, sondern nur zum Ausscheiden des entsprechenden Gesellschafters (§ 131 Abs. 3 HGB). Insoweit gilt eine gesetzliche „Fortführungsklausel".

→ Fall 11

aa) Insbes.: Ausschluss. Der Ausschluss von Gesellschaftern gegen ihren Wil- 180
len muss eine Ausnahme darstellen, da der Betroffene dadurch jegliche Aussicht auf zukünftige Erfolge des Unternehmens verliert. § 737 BGB sieht einen Ausschluss in der BGB-Gesellschaft (nur) vor, soweit eine Fortsetzungsklausel

besteht; ansonsten muss die Gesellschaft gekündigt und dann aufgelöst werden (§§ 723, 730 ff. BGB). Für den Ausschluss ist erforderlich, dass alle Gesellschafter bis auf den ausgeschlossenen einverstanden sind und ein „wichtiger Grund" besteht. Der Ausschluss führt zwar regelmäßig zu einem Abfindungsanspruch (unten Rn. 189), eine Liquidation der Gesellschaft muss aber nicht erfolgen (d. h. die Vermögensgegenstände bleiben als solche unangetastet, es muss nur ein Geldbetrag geleistet werden).

181 **In der OHG** sind demgegenüber in §§ 133, 140 HGB verfahrensrechtliche Vorkehrungen geschaffen worden: Ein Ausschluss kann nur aufgrund eines gerichtlichen Urteils erfolgen, für das ein wichtiger Grund bewiesen werden muss (§§ 133, HGB). Diese Regelung ist jedoch nicht zwingend: Statt der Klage kann der Vertrag auch einen Beschluss der Gesellschafterversammlung genügen lassen. Unverzichtbar ist allerdings das Erfordernis eines wichtigen Grundes. Eine Regelung im Gesellschaftsvertrag, die eine „Kündigung nach freiem Ermessen" ermöglicht, ist wegen Sittenwidrigkeit nichtig (§ 138 Abs. 1 BGB), wenn nicht besondere Umstände vorliegen (s. Rn. 313 zu „Hinauskündigungsklauseln" in der GmbH).

→ Entscheidung 47

182 Sind nur **zwei Gesellschafter** beteiligt, kann nach § 140 Abs. 1 S. 2 HGB in der OHG trotzdem der Ausschluss des „Störenden" gerichtlich verlangt werden. Dann tritt eine Anwachsung (Rn. 189) beim verbleibenden Gesellschafter ein, der das Unternehmen als Einzelkaufmann fortsetzen kann. In der BGB-Gesellschaft fehlt eine vergleichbare Regelung, dennoch ist nach der herrschenden Auffassung auch dort ein Ausschluss des vorletzten Gesellschafters möglich. Dadurch wird auch hier die Zerstörung der vorhandenen unternehmerischen Werte vermieden.

→ Entscheidung 48

183 **bb) Insbes.: Tod des Gesellschafters.** Stirbt ein Gesellschafter in einer BGB-Gesellschaft, wird diese grundsätzlich aufgelöst, sofern keine Fortführungsklausel vereinbart wurde (oben Rn. 179). Bei unternehmerisch tätigen Gesellschaften ist eine solche Klausel jedenfalls für den Todesfall die Regel – im Recht der OHG hat der Gesetzgeber sie sogar zur Regel gemacht (§ 131 Abs. 3 Nr. 1 HGB). In diesem Fall bleibt die OHG (bzw. GbR) unter den anderen Gesellschaftern bestehen, die Erben haben nur einen (zum Nachlass gehörenden, § 1922 BGB) Anspruch auf Abfindung (§ 738 Abs. 1 S. 2 BGB unten Rn. 189). Selbstverständlich kann aber auch in der OHG eine Auflösung bei Tod eines Gesellschafters vereinbart werden.

Soll die Lücke im Gesellschafterbestand gefüllt werden, gibt es drei vertragliche Gestaltungsmöglichkeiten:

- Bei einer sog. **einfachen Nachfolgeklausel** werden *alle* Erben des Verstorbenen neue Gesellschafter der GbR oder OHG. Sie sind dabei nicht „Erbengemeinschaft“ und eine eventuell angeordnete Testamentsvollstreckung hat keine Wirkung. Vielmehr wird jeder einzelne Erbe als Individuum Gesellschafter mit vollem Stimmrecht und voller Gewinnbeteiligung; nur so kann die Handlungsfähigkeit einer unternehmerisch tätigen Gesellschaft gewährleistet werden. Folge ist, dass zunächst keine Abfindungspflicht (§ 738 BGB, unten Rn. 189) entsteht. In der OHG darf jeder einzelne Erbe innerhalb von drei Monaten (§ 139 Abs. 3 HGB) verlangen, statt unbeschränkt als OHG-Gesellschafter (unten Rn. 202) künftig nur beschränkt als Kommanditist zu haften (unten Rn. 238). Lehnen die übrigen Gesellschafter diesen Wunsch ab (§ 139 Abs. 2 HGB), kann der Betreffende gegen Abfindung ausscheiden. Auch wenn der Erbe Kommanditist wird, haftet er nach den Regeln des BGB für die bis zur Haftungsbeschränkung entstandenen Schulden grundsätzlich unbeschränkt mit seinem Privatvermögen (§§ 1967 ff.); er kann die Haftung nur durch Nachlassverwaltung und Nachlassinsolvenz (§§ 1975 ff. BGB) oder die sog. Dürftigkeitseinrede beschränken. Die Regelung ist zwingend. In der BGB-Gesellschaft besteht eine entsprechende Möglichkeit nicht, da dort alle (!) Gesellschafter betragsmäßig unbeschränkt haften müssen; dies gilt selbst dann, wenn die Gesellschaft durch Eintragung (oben Rn. 106) zu einer OHG bzw. KG werden könnte. **184**
- Zulässig ist auch eine sog. **qualifizierte Nachfolgeklausel**. Dabei werden nur einige der Erben als Nachfolger in die Gesellschafterstellung benannt. Die übrigen Erben haben keinen Anspruch gegen die Gesellschaft. Der Wert der Beteiligung ist nur im Innenverhältnis der Erbengemeinschaft bei deren Auseinandersetzung anzurechnen. Es handelt sich um eine „**Sondererbfolge**“. Ist der im Gesellschaftsvertrag Benannte bereits vor dem Tod des Gesellschafters verstorben, geht die Regelung ins Leere. Dann fällt nur eine eventuelle Abfindung in den Nachlass (oben Rn. 183), keiner der Erben tritt in die Gesellschaft ein. **185**
- Schließlich gibt es die Möglichkeit zur Schaffung einer sog. **Eintrittsklausel**. Bei dieser bleibt es zunächst dabei, dass der betreffende Gesellschafter durch seinen Tod ausscheidet. Jedoch erhält eine im Gesellschaftsvertrag benannte Person das *Recht*, statt des Verstorbenen in die Gesellschaft einzutreten. Anders als bei einer Nachfolgeklausel tritt die Rechtsnachfolge dabei nicht automatisch ein, sondern erfordert einen zusätzlichen Aufnahmevertrag zwischen **186**

den verbliebenen Gesellschaftern und dem in der Klausel Benannten; die Zustimmungserklärungen der bestehenden Gesellschafter sind aber im Gesellschaftsvertrag vorweggenommen. Es handelt sich um einen Vertrag zugunsten Dritter (§§ 328, 331 Abs. 1 BGB). Konstruktiv gibt es aber ein Problem: Da der Verstorbene mit seinem Tod aus der Gesellschaft ausschied, fiele eigentlich auch ein Abfindungsanspruch in den Nachlass (oben Rn. 183), durch dessen Erfüllung der Anteil des Verstorbenen erlischt, sodass nichts zum „Eintritt" verbleibt. Daher muss der Abfindungsanspruch ausgeschlossen werden, damit die Eintrittsklausel die gewünschte Wirkung entfalten kann.

187 Eine Eintrittsklausel kann im Wege der **Umdeutung** (§ 140 BGB) auch bei „missglückter" qualifizierter Nachfolgeklausel angenommen werden, wenn nämlich der Begünstigte (warum auch immer) gar nicht Erbe geworden ist. Voraussetzung dafür ist aber, dass dies dem Interesse aller Gesellschafter, einschließlich des Verstorbenen, entspricht.

188 **cc) Rechtsfolgen des Verlusts, insbes.: Abfindung.** Scheidet ein Gesellschafter aus der Gesellschaft aus, so kann er Rückgabe aller Gegenstände verlangen, die er der Gesellschaft „zur Benutzung" überlassen, aber nicht als Beitrag übereignet hat (§ 738 Abs. 1 S. 2 BGB i. V. m. § 732 BGB). Der ausscheidende Gesellschafter kann außerdem verlangen, von allen fälligen gemeinschaftlichen Schulden befreit zu werden und Sicherheitsleistung für zukünftige Schulden.

189 Er kann aber nicht Rückzahlung der von ihm erbrachten **Beiträge** verlangen – die ursprünglich auf Dauer überlassenen Gegenstände verbleiben im Vermögen der GbR bzw. der OHG. Diese Gegenstände sind Bestandteil des Gesellschaftsvermögens, welches sich nach dem Ausscheiden unter den übrigen Gesellschaftern verteilt, der Anteil des Ausgeschiedenen fällt also den übrigen Gesellschaftern zu („**Anwachsung**", § 738 Abs. 1 S. 1 BGB). Als Ausgleich für diesen Verlust erhält der Ausgeschiedene eine „Abfindung" (§ 738 Abs. 1 S. 2 BGB).

190 Die **Abfindung** soll das kompensieren, was der Gesellschafter erhalten würde, wenn die Gesellschaft aufgelöst worden wäre. Der Wert des Gesellschaftsvermögens ist dabei zu schätzen (§ 738 Abs. 2 BGB), wobei auch Gewinne und Verluste durch bereits eingegangene, aber noch nicht abgeschlossene Geschäfte (§ 740 BGB) berücksichtigt werden. Der so ermittelte Betrag kann auch negativ sein – dann muss der Ausscheidende das Defizit gemäß seiner Verlustbeteiligung übernehmen (§ 739 BGB).

191 Nun ist diese Wertermittlung sehr aufwendig und führt zu einem erheblichen Abfluss von Mitteln, welche die Gesellschaft möglicherweise zum Betrieb ihrer Geschäfte noch benötigt (nach § 271 Abs. 1 BGB muss die Abfindung grundsätzlich sofort bezahlt werden!). In der Praxis finden sich daher regelmäßig **Klauseln** im Gesellschaftsvertrag, welche das zu zahlende Abfindungsguthaben begrenzen oder zumindest die Zahlung in Raten ermöglichen. Sittenwidrig und daher nichtig (§ 138 Abs. 1 BGB) ist ein Ausschluss der Abfindung bei Kündigung durch den Gesellschafter (wegen „Knebelung") oder durch einen Gesellschaftsgläubiger (wegen „Gläubigerbenachteiligung"); möglich ist ein Ausschluss etwa für den Todesfall (oben Rn. 183).

Eine verbreitete Regelung ist die sogenannte **„Buchwertklausel"** – danach bemisst sich die Abfindung anhand der Bilanz der Gesellschaft. Bedenklich ist dies nur dann, wenn die Bilanzwerte erheblich von der realen Bewertung des Vermögens abweicht. Dies ist insbes. der Fall bei „stillen Reserven", die durch Abschreibung oder durch bilanzrechtlich zulässige unterbliebene Wertfortschreibung bzw. bei nicht bilanzfähigen Werten („goodwill") entstehen. Die Unbilligkeit wegen derartiger Wertdifferenzen zum Buchwert wird durch ergänzende Vertragsauslegung kompensiert. Das Gericht ermittelt in diesem Fall nach billigem Ermessen den Wert, den die Gesellschafter bei Kenntnis der Diskrepanz vereinbart hätten.

→ Entscheidungen 49–51

Scheidet der vorletzte Gesellschafter aus einer BGB-Gesellschaft oder OHG **192**
aus, wächst das Vermögen dem letzten Gesellschafter an. Dieser wird also alleiniger Inhaber aller Vermögensgegenstände, aber auch einziger Schuldner der Gesellschaft. Eine **Einpersonen-Personengesellschaft** gibt es nicht. Aus der Personengesellschaft wird dann ein Einzelunternehmen oder eine andere Gesellschaft (z. B. bei einer GmbH & Co KG, unten Rn. 431, eine GmbH). Dies ist ein Umwandlungsvorgang außerhalb des Umwandlungsgesetzes (unten Rn. 404).

→ Entscheidungen 52, 53

V. Finanzierung und Haftung

§ 124 HGB bestimmt für die OHG, dass diese unter eigenem Namen Rechte **193**
innehaben kann, Schuldner sein kann sowie klagen und verklagt werden kann. Für die BGB-Gesellschaft fehlt eine solche Regelung. Das ist nachvollziehbar, da die gesetzliche Regelung ja nicht nur die nach außen als solche auftretende Gesellschaft, sondern (wie soeben dargestellt) auch die Innengesellschaften er-

fasst. Aber der Wortlaut des Gesetzes spricht auch im Übrigen deutlich gegen solche „Rechtsfähigkeit“ (§ 14 Abs. 2 BGB, oben Rn. 23): Nach § 718 Abs. 1 BGB ist nämlich das „Gesellschaftsvermögen“ nur gemeinschaftliches Vermögen der Gesellschafter; nach § 714 BGB wird nicht „die Gesellschaft“ vertreten, sondern „die Gesellschafter“. Ersichtlich ging man also davon aus, dass die Gesellschafter nur als Gruppe nach außen auftreten (daher spricht man insoweit auch von „*Gruppenlehre*“). Bildlich wird jeder Gegenstand und jede Forderung auf die Gesellschafter aufgeteilt, wobei eine Aufteilung „in natura“ und eine Verfügung über den Anteil am einzelnen Gegenstand gerade ausgeschlossen sein soll („*gesamthänderische Bindung*“).

Nur „Gruppen“ in diesem Sinne sind die eheliche Gütergemeinschaft (§ 1419 BGB), die Erbengemeinschaft (§ 2033 Abs. 2 BGB) und die Urhebergemeinschaft (§ 8 Abs. 2 UrhG).

194 Im Laufe einer knapp 100-jährigen Entwicklung hat sich die Rechtspraxis aber von diesem Gedankenbild gelöst. Heutzutage ist die (nach außen auftretende) **BGB-Gesellschaft selbst Träger von Rechten und Pflichten** – es besteht ein Gleichlauf zur OHG. Dies entspricht der Rechtswirklichkeit, wo die „GbR“ genauso als eigene Organisation auftritt wie die „OHG“. Praktisch scheint es auch kaum nachvollziehbar, wenn man einer Großkanzlei aus 20 Partnern und 400 angestellten Anwälten, Umsätzen in Millionenhöhe und einer eigenen Buchführungsabteilung die Möglichkeit, als solche Eigentümer oder Besitzer von Sachen oder Berechtigter oder Verpflichteter von Forderungen zu sein, absprechen würde. Ob auf einem Briefkopf die Abkürzung „OHG“ oder „GbR“ steht, wird dem Vertragspartner regelmäßig gleichgültig sein – er wird Ansprüche gegen die dort genannte Gesellschaft richten und auch an diese erfüllen wollen.

195 Auch rechtlich überzeugt das moderne Verständnis. Bei einer gewerbetreibenden Gesellschaft entsteht nämlich allein durch den durch Art und Umfang indizierten Bedarf nach kaufmännischen Einrichtungen (§ 1 Abs. 2 HGB) eine OHG entsteht. Umgekehrt kann eine solche (pflichtwidrig, § 29 HGB) nicht eingetragene OHG allein durch Rückgang ihrer Geschäftsaktivitäten wieder zur BGB-Gesellschaft werden (Rn. 135). Wieso soll aber durch diesen für Außenstehende nicht sichtbaren, fließenden Übergangen jeweils der Schuldner oder Gläubiger von Forderungen (OHG einerseits, Gesellschafter einer GbR als Individuen andererseits) wechseln?

196 Systematisch erfolgt die Herleitung der Rechtsfähigkeit in zwei Schritten:

1. Schritt: Nach § 719 Abs. 1 BGB können die Gesellschafter nicht über die einzelnen Gegenstände des „gemeinschaftlichen Vermögens" verfügen. Ihnen fehlt die Verfügungsbefugnis. Diese steht nicht ihnen, sondern „der Gesellschaft" zu. Diese hat zumindest diese „Verfügungsbefugnis" als eigenes Recht und damit auch ein eigenes „Vermögen".
2. Schritt: Wenn man der Gesellschaft nun aber ein solches „Vermögen" zubilligt, muss man ihr auch umgekehrt die Fähigkeit zugestehen, Trägerin von Verbindlichkeiten zu (=Schuldnerin von Forderungen) sein. Denn sonst könnten die Gläubiger auf das nicht mehr den Gesellschaftern gehörende Vermögen nicht mehr zugreifen.

Mit der Anerkennung der (Teil-)Rechtsfähigkeit geht auch die Anerkennung **197**
der **Parteifähigkeit** (also der Befugnis vor Gericht als Kläger oder Beklagter aufzutreten) einher, § 50 ZPO. Die Regelung des § 736 ZPO muss entgegen ihrem Wortlaut so verstanden werden, dass eine Vollstreckung aufgrund eines gegen alle Gesellschafter gerichteten Titels stets möglich ist, aber zur Vollstreckung in das Gesellschaftsvermögen (nicht aber in das Privatvermögen eines Gesellschafters, vgl. § 129 Abs. 4 HGB) entsprechend § 124 Abs. 2 HGB ein Titel gegen die Gesellschaft als solche genügt.

Teilregelungen zur Rechtsfähigkeit der Gesellschaft finden sich in § 11 Nr. 1 **198**
InsO (der OHG und GbR als „Gesellschaften ohne Rechtspersönlichkeit" zusammenfasst) und §§ 191 Abs. 2 Nr. 1, 202 Abs. 1 Nr. 1 UmwG (s. Rn. 417). Für den Erwerb von Rechten an Grundstücken genügt bei der OHG die Eintragung der Firma (z.B. „Müller & Co OHG"). Bei einer GbR sind hingegen nach § 47 Abs. 2 GBO alle Gesellschafter einzutragen. Bei fehlender Aktualisierung werden Erwerber im Hinblick auf das dingliche Geschäft (Auflassung, Grundschuldbestellung, etc.) durch § 899a BGB geschützt. Dieser verlagert zunächst die Beweislast für Veränderungen auf die Gesellschafter (§ 899a S. 1 BGB), ermöglicht aber darüber hinaus einen gutgläubigen Erwerb bei fehlender Kenntnis des Dritten (§ 899a S. 2 iVm § 892 f. BGB). Zu prüfen ist diese Regelung anders als bei §§ 892 f. BGB allerdings nicht bei der „Berechtigung" (Sachenrecht Rn. 227): Die GbR als solche ist und bleibt Eigentümerin. Betroffen ist vielmehr die dingliche Einigung (Sachenrecht Rn. 220), da eine GbR mit geändertem Gesellschafterbestand nicht ordnungsgemäß durch die eingetragenen Personen vertreten ist: Die GbR wird nach §§ 714, 709 BGB (wenn nichts anderes vereinbart wurde, Rn. 141) durch alle Gesellschafter gemeinsam vertreten, so dass sie bei Fehlen auch nur eines Gesellschafters nicht Partei des Verfügungsgeschäfts wird. Dieses Hindernis überwindet § 899a S. 2 BGB, d.h. eine Vertretung wird durch die eingetragenen Personen zugunsten des gutgläubi-

gen Dritten fingiert. War die GbR zu Unrecht im Grundbuch eingetragen, findet daneben § 892 BGB unmittelbar in Bezug auf die Berechtigung Anwendung. Allerdings ist § 899a BGB so gefasst, dass diese Fiktion nicht für das schuldrechtliche Geschäft, d.h. die Verpflichtung zur Eigentumsübertragung, zur Grundschuldbestellung, etc., gilt. Soweit also nicht im Einzelfall eine Vertretung nach den Grundsätzen der Anscheins- oder Duldungsvollmacht möglich ist, kann die GbR die erworbene Leistung (etwa die Grundschuldbestellung oder der Eigentumserwerb) nach § 812 Abs. 1 S. 1, 1. Var. kondizieren.

→ Entscheidungen 54, 55

199 Anders ist die Lage bei **Innengesellschaften**, die als solche nie nach außen auftreten (unten Rn. 111). Insoweit gibt es keinen „Rechtsträger", der dem Verkehr bekannt sein könnte. Wenn kein Gesellschaftsvermögen gebildet wird, kann auch keine Zurechnung von Rechten und Pflichten zu diesem Vermögen erfolgen. Bei der BGB-Innengesellschaft fehlt es daher wie bei der stillen Gesellschaft (unten Rn. 375) an der Rechtsfähigkeit.

200 **1. Haftung in der bestehenden Gesellschaft.** BGB-Gesellschaft und OHG haften damit selbst aufgrund eines Vertrages als Schuldner auf Erfüllung oder bei Pflichtverletzungen auf Schadensersatz (§ 280 BGB). Im Rahmen bestehender Schuldverhältnisse wird ihnen das Verschulden der für sie handelnden Gesellschafter zugerechnet (§ 278 BGB).

201 Für eine Haftung wegen **Verletzung außervertraglicher Pflichten** fehlt jedoch eine Grundlage. Es kann aber kaum sein, dass eine Gesellschaft, die ein Grundstück (z. B. als Mieterin) besitzt, nicht den verletzten Passanten haftet, wenn sie entgegen der durch städtische Satzung angeordneten Streupflicht im Winter auf dem vor dem Grundstück liegenden Bürgersteig eine Eisfläche entstehen lässt. § 831 BGB hilft nicht weiter, da die Gesellschafter nicht weisungsabhängig sind. Auch § 278 BGB erfasst den Fall mangels Bestehen eines Schuldverhältnisses nicht. Diese Regelungslücke wird durch eine Analogie zu § 31 BGB (einer Norm aus dem Vereinsrecht, unten Rn. 77) geschlossen: Soweit den vertretungsberechtigten Gesellschaftern ein individueller Vorwurf gemacht werden kann (also ein Anspruch gegen diese aus § 823 Abs. 1 BGB besteht), haften auch die OHG bzw. die GbR für diesen Schaden.

→ Entscheidung 56

202 Während bei Verein, GmbH und AG eine persönliche Haftung der Gesellschafter ausgeschlossen ist, bestimmt **§ 128 S. 1 HGB** für die OHG, dass alle Gesellschafter unmittelbar und in voller Höhe neben der Gesellschaft auf Erfüllung aller Ansprüche haften. Ähnliches gilt sogar für die Kommanditisten in einer KG, die ebenfalls den Gläubigern gegenüber haften – wenn auch nur summenmäßig begrenzt (unten Rn. 254).

Für die BGB-Gesellschaft fehlt demgegenüber eine Regelung, was Anlass für 203
einen langwährenden **Streit** war. Sehr lange ging der BGH davon aus, dass die Gesellschafter nur insoweit haften, wie sie auch (jeweils einzeln) wirksam vertreten wurden. Der vertretungsberechtigte Gesellschafter erklärte also stets drei Dinge: Er verpflichtete die Gesellschaft als solche, er verpflichtete sich selbst und schließlich verpflichtete er (als bevollmächtigter Vertreter im Sinne von §§ 164 Abs. 1, 168 BGB) auch seine Mitgesellschafter (daher die Bezeichnung „**Doppelverpflichtungstheorie**"). Angesichts des erheblichen Missbrauchpotenzials und der Unanwendbarkeit auf deliktische Fälle (oben Rn. 201) dieser Lösung wurde diese aber aufgegeben. Nach heutigem, modernen Verständnis findet § 128 HGB auf die BGB-Gesellschaft analoge Anwendung (sog. „**Akzessorietätstheorie**").

→ Entscheidungen 57, 58

Selbstverständlich kann ein Gesellschafter dem konkreten Gläubiger **Einwen-** 204
dungen und Einreden entgegenhalten, z. B. einen mit diesem geschlossenen Erlassvertrag (§ 397 BGB). Die Gesellschafter können aber nach § 129 Abs. 1 HGB in unmittelbarer (OHG) oder analoger (GbR) Anwendung auch alle Einwendungen und Einreden *der Gesellschaft* geltend machen.

Beispiel: 205
Gegen die Entstehung des Anspruchs (rechtshindernde Einwendungen) können etwa ein nicht erfülltes Formerfordernis (§ 125 BGB) oder eine wirksame Anfechtung (§ 142 Abs. 1 BGB) angeführt werden. Ein Untergang des Anspruchs (rechtsvernichtende Einwendungen) kann etwa durch Erfüllung (§ 362 Abs. 1 BGB) oder durch Unmöglichkeit (§ 275 BGB) erfolgen. Gegen die Durchsetzung des Anspruchs (rechtshemmende Einwendungen/Einreden) können etwa Verjährung (§ 214 BGB) oder Nichterfüllung der Pflicht des Geschäftspartners (§ 320 BGB) geltend gemacht werden.

Darüber hinaus können die Gesellschafter die Leistung nach § 129 Abs. 2 und 206
Abs. 3 HGB vorübergehend verweigern, solange die Gesellschaft aufrechnen, anfechten oder zurücktreten kann. § 129 Abs. 3 HGB ist insofern irreführend formuliert: Maßgeblich ist nicht die **Aufrechnungsbefugnis** des Geschäftspartners, sondern diejenige der OHG.

→ Fall 12

207 Allein mit der Aussage, dass die Gesellschafter „akzessorisch“ haften, ist (für OHG *und* GbR) noch nicht gesagt, auf welches Ziel die Gesellschafter genau haften. Einerseits kann man annehmen, dass der Gesellschafter tatsächlich die Pflicht der Gesellschaft, den Anspruch auf die Leistung (§ 241 Abs. 1 BGB) erfüllen muss (sog. „**Erfüllungstheorie**“), andererseits könnte man nur eine Haftung auf Geldzahlung bejahen (sog. „**Haftungstheorie**“).

208 **Beispiel:**
K hat bei der V-OHG ein Fahrrad für 100 € gekauft, dass er für 150 € weiterverkaufen könnte. Nach der Erfüllungstheorie kann K (wahlweise) von jedem beliebigen Gesellschafter der V-OHG K Übergabe und Übereignung (§ 433 Abs. 1 S. 1 BGB) eines Fahrrads verlangen. Nach der Haftungstheorie kann er sie demgegenüber nur auf Zahlung von 50 € in Anspruch nehmen, nur von der OHG als solcher kann er das Fahrrad verlangen.

209 **Ausgangspunkt** ist dabei nach der heute vorherrschenden Auffassung die Erfüllungstheorie: Pflichten sind also „in natura“ zu erfüllen. Etwas anderes gilt nur für Leistungen, die nur die OHG erfüllen kann (§ 888 ZPO) bzw. die bei Erbringung durch den Gesellschafter ihre Natur ändern würden – dann haftet der Gesellschafter auf Schadensersatz statt der Leistung (§ 311a Abs. 2 S. 1 BGB). Ein Sonderproblem besteht, soweit sich die OHG zur Übergabe und Übereignung einer Sache verpflichtet, die *dem Gesellschafter* gehört. Dann haftete die Gesellschaft zunächst auf Schadensersatz (§ 311a Abs. 2 S. 1 BGB), sofern sie nicht einen Anspruch gegen den Gesellschafter auf Übereignung der Sache hatte. Der Gesellschafter könnte zwar durchaus erfüllen – seine Haftung richtet sich aber regelmäßig auf dasselbe wie derjenige gegen die Gesellschaft, er kann sich nach seiner Wahl analog § 129 Abs. 1 HGB auf die insoweit bestehende Unmöglichkeit (§ 275 Abs. 1 BGB) berufen oder freiwillig (!) seine Sache übergeben und übereignen.

→ Fall 13

210 § 128 S. 2 HGB bestimmt, dass die (unbeschränkte) Haftung der Gesellschafter nicht mit **Wirkung gegen Dritte** ausgeschlossen werden kann, dies gilt entsprechend für die BGB-Gesellschaft. Zulässig sind aber ein Anspruch auf Freistellung im Innenverhältnis (gegenüber den Mitgesellschaftern, unten Rn. 212) oder eine individuell mit einem bestimmten Gläubiger vereinbarte Privilegierung.

211 Die Haftung der Gesellschafter ist im **Verhältnis zur Gesellschaft** keine Gesamtschuld i. S. v. § 421 BGB – letztlich (im Innenverhältnis) soll nämlich die Gesellschaft haften, es besteht keine „Gleichstufigkeit“, sondern eine einseitige

Akzessorietät. Das hat zur Folge, dass namentlich die Privilegierung des § 425 Abs. 2 BGB unanwendbar ist. Ein Rückgriff kann nur nach § 110 HGB erfolgen, nicht hingegen nach § 426 Abs. 2 BGB; ein Übergang von Sicherheiten, die zugunsten des Gläubigers bestellt wurden (§§ 426 Abs. 2, 412, 401 BGB), erfolgt nicht. Die Zwangsvollstreckung in das Vermögen der Gesellschaft erfolgt aufgrund eines Titels (insbes. eines Urteils) gegen die Gesellschaft (§ 124 Abs. 2 HGB); für die Vollstreckung in das Privatvermögen eines Gesellschafters genügt ein Titel gegen die Gesellschaft hingegen nicht – vielmehr ist ein eigener Titel erforderlich (§ 129 Abs. 4 HGB). Vor Gericht sind Gesellschafter und Gesellschaft auch keine „notwendigen Streitgenossen" i. S. v. § 62 ZPO. Obwohl das BGB keine vergleichbaren Regelungen für die GbR enthält, gelten diese Grundsätze dort entsprechend (Rn. 197).

Umgekehrt ist die Haftung der **Gesellschafter untereinander** grundsätzlich als **212**
Gesamtschuld zu qualifizieren. Dies ergibt sich für die OHG aus § 128 HGB (man spricht auch von solidarischer Haftung, weil dieser Ausdruck an anderen Stellen, z.B. in § 43 GmbHG, verwendet wird; in der Klausur können Sie aber „gesamtschuldnerisch" schreiben), für die BGB-Gesellschaft folgt es daraus, dass die Gesellschafter gleichstufig für eine einheitliche Verbindlichkeit haften, so dass die Voraussetzungen des § 421 BGB vorliegen. Das bedeutet auch, dass grundsätzlich Ausgleichsansprüche nach § 426 BGB bestehen. Diese werden aber durch die Treupflicht (oben Rn. 164) modifiziert: Der Gesellschafter muss sich zunächst an die Gesellschaft halten, bevor er seine Mitgesellschafter in Anspruch nehmen kann (s. Rn. 211), Zugunsten des zahlenden Gesellschafters gehen auch Sicherheiten Dritter (§§ 426 Abs. 2, 412, 401 BGB) über.

Privatgläubiger eines Gesellschafters können dessen Anspruch auf das Ausei- **213**
nandersetzungsguthaben pfänden (§ 829 i. V. m. § 857 Abs. 1 ZPO).

2. Haftung bei Eintritt, Übertragung und Austritt. Wereiner bestehenden OHG **214**
oder BGB-Gesellschaft beitritt, haftet für die vor seinem Beitritt begründeten Verbindlichkeiten genau wie die bereits vor ihm vorhandenen Gesellschafter. Dies regelt § 130 HGB ausdrücklich nur für die OHG. Durch die Anerkennung der Akzessorietätstheorie (analoge Anwendung von § 128 HGB auf die Gesellschafter einer GbR, Rn. 203) ist es aber wenig nachvollziehbar, zwischen alten und neuen Gesellschaftern zu unterscheiden.

→ Entscheidung 59

Wenn mit dem Austritt die Haftung für Verbindlichkeiten ausgeschlossen **215**
würde, die **vor** dem Austritt begründet waren, könnte den Gesellschaftsgläubigern in erheblichem Umfang Haftungsmasse entzogen werden. Mangels Vor-

gabe einer Mindesthöhe des Gesellschaftsvermögens (s. Rn. 274 zur GmbH) folgt die Werthaltigkeit der Gegenforderung allein aus der Leistungsfähigkeit der persönlich haftenden Gesellschafter. Andererseits will der betroffene Gesellschafter zumeist schnellstmöglich seine Beziehungen zur Gesellschaft und deren Gläubigern beenden. Diesen Interessenkonflikt lösen § 160 HGB und § 736 Abs. 2 BGB (der ausdrücklich auf die HGB-Regelung verweist): Danach besteht eine „Nachhaftung" für ihre bis dahin begründeten Verbindlichkeiten, wenn sie vor Ablauf von fünf Jahren nach dem Ausscheiden fällig und daraus Ansprüche gegen ihn gerichtlich oder durch ein Anerkenntnis festgestellt werden. Dabei handelt es sich um eine Ausschlussfrist, nicht um eine (als Einrede geltend zu machende) Verjährungsfrist. Sie gilt daher auch dann, wenn sich der Gesellschafter nicht ausdrücklich darauf beruft.

> Die Regelverjährung beträgt nach § 195 BGB zwar nur drei Jahre, diese beginnen jedoch mit Kenntnis des Anspruchs und dessen Entstehen (§ 199 BGB). Gerade bei Schadensersatzansprüchen kann diese Frist jedoch sehr spät beginnen – man denke etwa an Spätschäden von Medikamenten oder in Lebensmitteln benutzten Chemikalien.

216 Für die **nach dem Austritt** entstehenden Verbindlichkeiten der Gesellschaft haftet der Gesellschafter nicht mehr (bei der OHG kommt allerdings eine Rechtsscheinshaftung nach § 15 Abs. 1 HGB in Betracht, soweit der Austritt nicht im Register eingetragen und bekannt gemacht wurde und der Geschäftspartner gutgläubig ist).

VI. Beendigung

217 Die Gründe für die **Auflösung einer BGB-Gesellschaft** sind etwas unübersichtlich in den §§ 723 ff. BGB verstreut. Dazu gehören die Kündigung durch einen Gesellschafter oder dessen Gläubiger, der Tod eines Gesellschafters, die Eröffnung eines Insolvenzverfahrens über das Vermögen eines Gesellschafters, ein (grundsätzlich einstimmiger) Auflösungsbeschluss sowie das Erreichen oder das Unmöglichwerden der Erreichung des Gesellschaftszwecks (oben Rn. 271).

218 Die Gründe für die **Auflösung einer OHG** sind demgegenüber grundsätzlich abschließend in § 131 Abs. 1 HGB aufgezählt. Gegenüber der BGB-Gesellschaft fehlen zunächst die Auflösung durch Zweckerreichung bzw. Unmöglichkeit der Zweckerreichung (§ 726 BGB). Stattdessen besteht die flexiblere Möglichkeit zur Auflösung durch gerichtliches Gestaltungsurteil bei Vorliegen eines wichtigen Grundes (§§ 131 Abs. 1 Nr. 2, 133 HGB). Auf die Person eines einzelnen Gesellschafters bezogene Veränderungen (Tod, Eröffnung des Insolvenzverfahrens über sein Vermögen, Kündigung durch Gesellschafter oder dessen Gläubiger), die in der BGB-Gesellschaft zur Auflösung führen, führen in der OHG nur zum Ausschluss des betroffenen Gesellschafters (Rn. 178 f.). Ein Gläubiger kann nach § 135 HGB jedoch ausnahmsweise die Gesellschaft kündigen, was ebenfalls zur Auflösung führt.

Die Auflösung einer Personengesellschaft führt nicht sofort zur Beendigung – die Gesellschaft bleibt zunächst bestehen (§ 730 Abs. 2 S. 1 BGB), nur ihr Zweck ändert sich: An die Stelle der bisherigen Ziele tritt nunmehr die **Abwicklung**, d. h. Liquidation der Gesellschaft. In der Liquidation sind Ansprüche der Gesellschafter gegen die Gesellschaft nicht mehr separat einklagbar, sondern nur noch Posten in der zu erstellenden Schlussabrechnung. **219**

Die **Regeln des BGB zur Liquidation** sind dispositiv – die Gesellschafter können also davon abweichen (§ 731 S. 1 BGB). Dabei sind zunächst die Gegenstände zurückzugeben, die die Gesellschafter der GbR zur Benutzung, aber nicht als Einlage überlassen haben (§ 732 BGB), die restlichen Vermögensgegenstände werden versilbert (und zwar im Zweifel nach den Vorschriften über den Pfandverkauf, § 731 S. 2, 753, 1235 ff. BGB). Dann werden die Schulden berichtigt (§ 733 Abs. 1), etwaige Einlage rückerstattet (§ 733 Abs. 2 BGB) und schließlich der verbleibende Gewinn bzw. Verlust verteilt (§ 734 BGB). **220**

Auch die **Liquidationsregelungen der OHG** (§§ 145 ff. HGB) sind weitgehend dispositiv (§ 145 Abs. 1, Abs. 2 HGB). Die Liquidation kann von den Gesellschaftern (§ 146 HGB), aber auch von Dritten vorgenommen werden – dies ist eine seltene Ausnahme vom Grundsatz der Selbstorganschaft (oben Rn. 149). **221**

Auch nach der Liquidation **haften** die Gesellschafter einer OHG nach §§ 128, 159 HGB über einen Zeitraum von fünf Jahren nach der Auflösung für Gesellschaftsschulden. **222**

4. Kapitel Die Kommanditgesellschaft

I. Grundbegriffe: „Kommanditisten“ und „Komplementäre“

223 Eines der konstitutiven Merkmale der OHG sowie der GbR ist die **unbeschränkte Haftung aller Gesellschafter** (vgl. § 105 HGB; oben Rn. 202). Soweit ein oder mehrere Gesellschafter hingegen nur in Höhe eines bestimmten Betrages haften wollen, muss eine andere Rechtsform gewählt werden. In Betracht kommen insoweit zunächst für alle denkbaren Tätigkeiten die Gesellschaft mit beschränkter Haftung (GmbH, unten Rn. 259 ff.) oder die Unternehmergesellschaft (haftungsbeschränkt), unten Rn. 259. Zulässig ist auch eine nach außen nicht erkennbare Beteiligung in Gestalt einer „stillen Gesellschaft“ (§§ 230 ff. HGB), unten Rn. 375, soweit es um einen kaufmännischen Gewerbebetrieb im Sinne der §§ 1–6 HGB geht oder eine BGB-Innengesellschaft für die Beteiligung an einem nicht kaufmännischen Unternehmen.

224 Das HGB stellt darüber hinaus mit der Kommanditgesellschaft eine **Modifikation der OHG** zur Verfügung, in der einzelne (aber nicht alle!) Gesellschafter ihre Haftung auf einen bestimmten Betrag begrenzen. Voraussetzung dafür ist aber (wie für die OHG), dass Gegenstand der Gesellschaft ein Gewerbe im Sinne der §§ 1 ff. HGB oder die Verwaltung eigenen Vermögens (§ 105 Abs. 2 HGB) ist. Darüber hinaus muss mindestens ein Gesellschafter eine unbeschränkte Haftung übernehmen.

Da die KG nur eine besondere Form der OHG darstellt, können Anwälte, Architekten oder Ärzte keine KG gründen. Ebenso wenig steht diese für private Aktivitäten offen. Nicht erforderlich ist allerdings, dass die betriebene Tätigkeit bereits vor der Eintragung *kaufmännisch* ist. Wenn also eigenes Vermögen verwaltet wird (§ 105 Abs. 2 HGB) oder (bei einem so genannten „Kleingewerbetreibenden“) nach Art oder Umfang kein kaufmännisch eingerichteter Gewerbebetrieb erforderlich ist (§ 2 HGB), kann eine KG durch Eintragung entstehen (siehe oben Rn. 227).

225 Der Gesetzgeber hat versucht, im Personengesellschaftsrecht doppelte Regelungen zu vermeiden. Als Modifikation der offenen Handelsgesellschaft gilt für die Kommanditgesellschaft eine **dreistufige Normenhierarchie**, wonach für die

KG das Recht der OHG gilt (§ 161 Abs. 2 HGB) und für die OHG das Recht der GbR (§ 105 Abs. 3) soweit nicht abweichende Sonderregelungen bestehen:

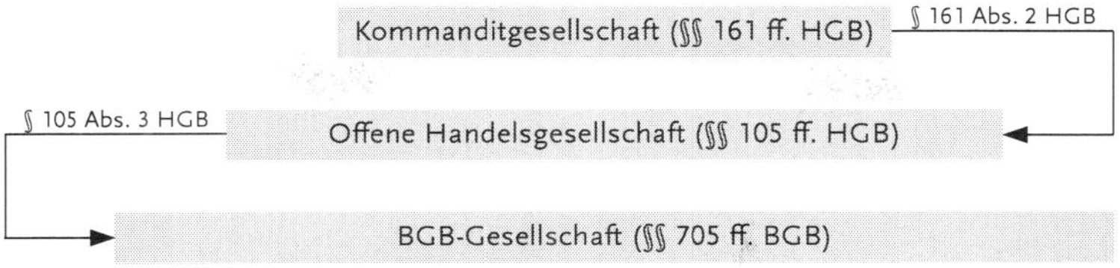

Die Unterschiede zur OHG beziehen sich ausnahmslos auf den Umstand, dass 226
ein oder mehrere Gesellschafter in der KG nur bis zu einem bestimmten Höchstbetrag haften („**Kommanditisten**"). Die anderen Gesellschafter („**Komplementäre**") haften unbeschränkt mit ihrem gesamten Privatvermögen. Allerdings muss es sich bei ihnen nicht um natürliche Personen (= Menschen) handeln: Auch andere Gesellschaften oder juristische Personen können Komplementär sein, etwa eine AG, eine Stiftung oder eine OHG. Praktisch relevant ist vor allem die Konstellation, dass eine GmbH alleiniger Komplementär einer KG ist (sog. GmbH & Co KG, Rn. 428).

II. Entstehung der Haftungsbeschränkung

Eine KG kann (außer durch Umwandlung nach dem Umwandlungsgesetz, 227
unten Rn. 404) auf drei Wegen entstehen:

- Mehrere Personen entschließen sich, **erstmals** eine kaufmännische Tätigkeit aufzunehmen, wobei mindestens eine Person beschränkt haften will (Neugründung). Dabei ist zu unterscheiden, ob diese Tätigkeit erst durch Eintragung als kaufmännisch qualifiziert wird (§ 105 Abs. 2 HGB, § 2 HGB) oder davon unabhängig nach Art und Umfang eines kaufmännisch eingerichteten Gewerbebetriebs bedarf (§ 1 Abs. 2 HGB). Im ersteren Fall entsteht die KG durch Eintragung und ist vorher grundsätzlich als OHG zu qualifizieren, im letzteren Fall handelt es sich eigentlich bis zur Eintragung um eine GbR. Für die Haftung des Kommanditisten gilt jedoch die Sonderregelung des § 176 HGB (unten Rn. 248).
- Jemand betreibt als **Einzelkaufmann** ein Gewerbe, an dem sich ein Dritter beteiligen will (§ 28 HGB, Rn. 114). Wichtig ist, dass der ehemalige Inhaber, selbst wenn er in Zukunft nur noch Kommanditist werden will, noch für 5 Jahre für alle vor dem Beitritt des Dritten begründeten Verbindlichkeiten unbeschränkt (!) weiter haftet (§ 28 Abs. 3 i. V. m. § 26 HGB). Ansonsten

könnte sich jeder Einzelkaufmann nämlich durch Aufnahme einer GmbH als neuem Komplementär der Haftung entziehen. Der beitretende Dritte kann hingegen seine Haftung von Anfang an beschränken.

- In einer **bestehenden OHG** wollen ein oder mehrere Gesellschafter nur noch beschränkt haften, insbes. die Erben eines Gesellschafters (§ 139 HGB, Rn. 184). Hierdurch wird die OHG zur KG, allerdings haftet derjenige Gesellschafter, der seine Haftung beschränkt, für Schulden, die vor der Eintragung begründet wurden, für einen Zeitraum von fünf Jahren weiterhin unbeschränkt (§ 160 Abs. 3 HGB).

III. Die Stellung der Kommanditisten

228 **1. Rechte und Pflichten des Kommanditisten.** Aufgrund der beschränkten Haftung geht der Gesetzgeber beim Kommanditisten typisierend davon aus, dass dieser im Vergleich zu den unbeschränkt haftenden Komplementären nur ein eingeschränktes wirtschaftliches Interesse an der Gesellschaft haben wird. Dementsprechend ist der Kommanditist nach § 164 S. 1 HGB von der Geschäftsführung ausgeschlossen. Aufgrund seiner nur eingeschränkten Beteiligung an der Geschäftsführung unterliegt der Kommanditist jedoch auch (anders als ein Komplementär oder ein OHG-Gesellschafter, §§ 112 f. HGB, oben Rn. 165) keinem Wettbewerbsverbot (§ 165 HGB). Das Gesetz gewährt dem Kommanditisten ein Widerspruchsrecht bei außergewöhnlichen Geschäften (§ 164 S. 1, 2. HS HGB); jedoch setzt dieses voraus, dass ihm der Vorgang vorher zur Kenntnis gebracht wird. An Stelle des nachträglichen Widerspruchs tritt daher praktisch das Erfordernis einer vorherigen Zustimmung.

→ Entscheidung 60

229 Davon unberührt bleibt selbstverständlich die Mitentscheidungskompetenz bei „**Grundlagengeschäften**“, bei denen nach § 161 Abs. 2 i. V. m. 119 Abs. 2 HGB ohnehin jeder Gesellschafter (also auch der Kommanditist) zustimmen muss. In Abstimmungen zu solchen Fragen hat der Kommanditist grundsätzlich das gleiche Stimmrecht wie ein Komplementär. Ebenso muss er der Feststellung des Jahresabschlusses zustimmen.

230 Die vom Gesetzgeber vorgesehene Regelung hinsichtlich der Geschäftsführungsbefugnis ist allerdings nicht zwingend – der **Gesellschaftsvertrag** kann diese auch abweichend regeln (§ 163 HGB). Auch das grundsätzliche Verbot der Fremdorganschaft (oben Rn. 149) steht dem nicht entgegen – der Kommanditist ist schließlich Gesellschafter der KG. Das kann soweit gehen, dass der Kommanditist allein die Geschäfte der KG führt, man spricht dann von einer „atypischen" oder „kapitalistischen" KG. Selbst wenn der Kommanditist so die tatsächliche Kontrolle über die Gesellschaft erlangt, bleibt seine beschränkte Haftung unberührt.

Nach § 170 HGB ist der Kommanditist von der **Vertretung** der Gesellschaft ausgeschlossen. Anders als die beschränkte Geschäftsführungsbefugnis ist diese Regelung zwingend, d.h. nicht vertraglich abdingbar. Zulässig ist es aber, dem Kommanditisten Prokura oder Handlungsvollmacht (§§ 48 ff. HGB) zu erteilen. **231**

→ Entscheidung 61

Der Kommanditist hat ein weitgehendes **Informations- und Prüfungsrecht** (§ 166 HGB). Dieses kann im Gesellschaftsvertrag nur bedingt angepasst werden: Soweit ein wichtiger Grund vorliegt, besteht nach § 166 Abs. 3 HGB ein gerichtliches Antragsrecht. Das diesem Antragsrecht zugrunde liegende Prüfungsrecht kann dementsprechend auch durch den Gesellschaftsvertrag nicht beschränkt werden. **232**

→ Entscheidung 62

Der Kommanditist ist an **Gewinn und Verlust** der Gesellschaft beteiligt (§ 167 HGB). Anders als ein Komplementär haftet er aber lediglich bis zur Höhe seines Kapitalanteils und etwaiger darüber hinaus vereinbarter und noch nicht geleisteter Beiträge (§ 167 Abs. 3 HGB). Dieser Kapitalanteil ist anders als bei den Komplementären und den Gesellschaftern einer OHG auf die gegenüber der KG eingegangene Beitragspflicht begrenzt (§ 167 Abs. 2 HGB). Soweit höhere Beträge stehen gelassen werden, landen diese auf einem „Privatkonto", das auch bei Verlusten nicht mehr vermindert wird. Der Kommanditist kann Auszahlung des auf ihn entfallenden Gewinns verlangen. Diese Regelungen können im Gesellschaftsvertrag modifiziert werden. **233**

Beispiel:
Kommanditist A soll Beiträge in Höhe von 10.000 € leisten. Im ersten Jahr entfällt auf ihn ein Gewinn von 2.000 €, der seinem Kapitalkonto gutgeschrieben wird. Im zweiten Jahr entfällt auf ihn ein Gewinn von 15.000 €. Von diesen werden 8.000 € dem Kapitalkonto gutgeschrieben und 7.000 € einem für A geführten Privatkonto. Im dritten Jahr werden 20.000 € Verlust gemacht. Das Kapitalkonto des A wird auf –10.000 € gesetzt, sein Privatkonto verbleibt bei 7.000 €. Im vierten Jahr werden 8.000 € Gewinn gemacht. Dadurch erhöht sich das Kapitalkonto auf –2.000 €, das Privatkonto bleibt unberührt.

→ Entscheidung 63

234 **2. Wechsel des Kommanditisten.** Wie in allen Personengesellschaften gelten für Erwerb und Verlust der Gesellschafterstellung (egal ob Komplementär oder Kommanditist) keine Formvorschriften (oben Rn. 174) – dies ist also anders als in der GmbH, wo die Anteilsübertragung notarieller Beurkundung bedarf (§ 15 Abs. 3 und 4 GmbHG unten Rn. 308).

235 Jedoch bedürfen der Beitritt zu einer Kommanditgesellschaft und die Übertragung der Gesellschafterstellung der **Zustimmung** aller Gesellschafter (also auch der Kommanditisten!), wenn der Gesellschaftsvertrag nichts Abweichendes bestimmt. In der GmbH besteht demgegenüber für die Übertragung bestehender Anteile kein solches Erfordernis; es kann aber in der Satzung geschaffen werden (§ 15 Abs. 5 GmbHG, unten Rn. 308).

236 Eine Zustimmung ist jedoch entbehrlich beim erbrechtlichen Anteilserwerb mit Tod des bisherigen Kommanditisten nach § 1922 BGB – die Kommanditistenstellung ist gem. § 177 HGB vererblich (ebenso für GmbH-Geschäftsanteile, § 15 Abs. 1 GmbHG). Die Beteiligung des Kommanditisten ist (anders als die Stellung eines OHG-Gesellschafters, § 131 Abs. 3 Nr. 1 HGB, oben Rn. 183) grundsätzlich **vererblich** (§ 177 HGB). Erben mehrere Personen, wird nicht „die Erbengemeinschaft" -Gesellschafter, sondern jeder Erbe erhält einen Anteil des Kommanditanteils. Sogar Testamentsvollstreckung (§§ 2197 ff. BGB) ist insoweit möglich.

237 Fällt der letzte Komplementär einer KG weg, wird die Gesellschaft aufgelöst. Eine reine „**Kommanditisten-Gesellschaft**" ohne mindestens einen unbeschränkt haftenden Gesellschafter gibt es nicht.

IV. Haftung des Kommanditisten

238 Der Kommanditist haftet grundsätzlich wie ein OHG-Gesellschafter (§ 128 HGB, Rn. 202): gesamtschuldnerisch, persönlich mit seinem gesamten Privatvermögen (und nicht nur einem bestimmten, abgrenzbaren Teil oder nur mit „Bargeld") und unmittelbar (d. h. gleichrangig neben der Gesellschaft und den Komplementären). Der Kommanditist kann neben Einwendungen und Einreden der Gesellschaft (§ 129 Abs. 1 HGB) auch die besonderen Einreden nach § 129 Abs. 2 und Abs. 3 HGB geltend machen (Rn. 206). Schließlich kann in sein Vermögen nur vollstreckt werden, soweit der Gläubiger einen gegen ihn persönlich gerichteten Titel hat (§ 129 Abs. 4 HGB). Die Besonderheit liegt allein in der **summenmäßigen** Beschränkung der Haftung – er haftet nicht „un-

beschränkt“, sondern nur bis zu einem bestimmten Höchstbetrag. Grundsätzlich besteht für freiwillige Leistungen des Kommanditisten an die Gläubiger ein Erstattungsanspruch gegen die Gesellschaft (§ 161 Abs. 2 HGB i. V. m. § 110 HGB), aber auch gegen die Mitgesellschafter (§ 426 BGB), wenn die Gesellschaft nicht leisten kann (oben Rn. 212).

→ Entscheidung 64

Anders als ein OHG-Gesellschafter (und ein Komplementär) soll der Komman- **239**
ditist den Gläubigern jedoch nicht „Erfüllung“ schulden (Rn. 202), sondern stets nur auf Zahlung haften. Dies entspricht der „Haftungstheorie“ (Rn. 207). Dahinter steht die Überlegung, dass eine **summenmäßige** Beschränkung auch nur dann Wirkung haben kann, wenn eine (Geld-)Summe zu leisten ist. Nicht ausgeschlossen ist damit, dass der Kommanditist freiwillig andere Leistungen erbringt (z. B. statt Geld Waren liefert) oder dass sonstige Beitragsleistungen an die KG auf die Haftsumme (unten Rn. 242) angerechnet werden. Schließlich haftet der Kommanditist exakt so wie ein OHG-Gesellschafter (also grundsätzlich auf Erfüllung), solange seine Kommanditistenstellung nicht eingetragen ist (unten Rn. 248).

1. Innen- und Außenverhältnis. Bei der Haftung des Kommanditisten ist streng **240**
zwischen dem Außenverhältnis (d. h. der Haftung nach § 128 HGB gegenüber den Gläubigern der Gesellschaft) und dem Innenverhältnis (d. h. der Leistungspflicht unmittelbar gegenüber der Gesellschaft) zu unterscheiden:

- Im **Innenverhältnis** kann (muss aber nicht!) der Kommanditist sich zur Leis- **241**
  tung eines Beitrags verpflichten (§§ 705 f. BGB). Diesen Beitrag bezeichnet man als „Pflichteinlage“ oder deutlicher „Einlage“ (wie die „Stammeinlage“ im GmbH-Recht, unten Rn. 276); diese Beitragspflicht meinen § 167 HGB Abs. 2, 3 HGB mit „Einlage“. Dieser Betrag steht ausschließlich der Gesellschaft zu, die Gläubiger haben darauf (außer durch Pfändung und Überweisung des Anspruchs, §§ 829, 835 ZPO) keinen Zugriff. Anders als bei der GmbH gibt es kein Mindestkapital und daher auch keine Mindesteinlagepflicht.
- Im **Außenverhältnis** (also gegenüber den Gläubigern) maßgeblich ist hinge- **242**
  gen der im Handelsregister eingetragene Betrag. Diesen bezeichnet man als „Hafteinlage“ oder deutlicher als „Haftsumme“, das Gesetz spricht hingegen teilweise (z.B. § 171 Abs. 1 HGB) irreführend von „Einlage“. Die Gesellschaft kann vom Kommanditisten die Zahlung dieses Betrages nicht verlangen, wohl aber jeder Gläubiger der Gesellschaft. Eine Mindesthöhe besteht auch insoweit nicht. Eine Herabsetzung der Haftsumme wirkt nur für die Zukunft und erst mit ihrer Eintragung in das Handelsregister (§ 174 HGB). Ein Gläu-

biger kann sich also auf den Registerinhalt verlassen. Dies gilt aber auch zu seinem Nachteil: Selbst wenn ein Gläubiger zufällig von einer Erhöhung der Einlage erfahren haben sollte, kann er sich nur darauf berufen, wenn diese in „handelsüblicher Weise" kundgemacht wurde oder unmittelbar von der Gesellschaft mitgeteilt wurde (§ 172 Abs. 3 HGB).

243 Die beiden Beträge sind voneinander **unabhängig** – d. h., die Einlage kann höher oder niedriger als die Haftsumme sein:

244 • Übersteigt die eingetragene **Haftsumme** die im Gesellschaftsvertrag vereinbarte Beitragspflicht, haftet der Gesellschafter nur in Höhe des noch nicht geleisteten Differenzbetrags gegenüber den Gläubigern. Eine Stundung oder ein Erlass der Beitragspflicht hat dabei keine Auswirkung auf die Haftung im Außenverhältnis (§ 172 Abs. 3 HGB).

245 • Übersteigt hingegen die **Beitragspflicht** die Haftsumme, wird der Kommanditist von seiner Haftung gegenüber den Gläubigern vollständig (!) befreit, wenn er diese erfüllt. Er ist aber nicht davor geschützt, dass der erbrachte Beitrag durch Verluste aufgezehrt wird oder dass Gläubiger auf diesen „überschießenden" Betrag zugreifen, wenn sie in das Gesellschaftsvermögen vollstrecken. Er kann also nicht damit rechnen, die erbrachte Einlage zurückzuerhalten; seine Haftung lebt dadurch aber nicht wieder auf.

246 • Anders als in der GmbH (unten Rn. 278) gibt es keine gesetzlichen Vorgaben für „**Sacheinlagen**". Die Bewertung und Dokumentation der gegenüber der Gesellschaft erbrachten Leistungen obliegt allein den Gesellschaftern. Das bedeutet aber auch: Ein Gläubiger der einen Kommanditisten in Anspruch nimmt, muss sich die von diesem erbrachten Beiträge nur entgegenhalten lassen, wenn der Kommanditist die Leistung und die zutreffende Bewertung (notfalls vor Gericht) beweist. Dies ist besonders prekär, weil Leistungen auf die Haftsumme nicht im Register eingetragen oder sonst bekanntgemacht werden.

→ Entscheidungen 65, 66

247 Die Kommanditisten werden mit Namen und Haftsumme im **Handelsregister** eingetragen, jedoch nicht bekannt gemacht (§ 162 Abs. 2 HGB), sodass die Rechtsscheinnorm des § 15 HGB keine Anwendung findet.

248 **2. Die Haftung gegenüber den Gläubigern (Außenverhältnis). – a) Unbeschränkte Haftung. – aa) Geschäftsaufnahme vor Eintragung.** Nach § 176 Abs. 1 S. 1 HGB haftet ein Kommanditist unbeschränkt, solange die KG noch nicht im Handelsregister eingetragen ist. Dies scheint wenig überraschend: Wird ein Handelsgewerbe betrieben, handelt es sich um eine OHG (§§ 105, 123 Abs. 2

HGB), ansonsten um eine Gesellschaft bürgerlichen Rechts – in beiden Fällen haften alle Gesellschafter unbeschränkt und persönlich (§ 128 HGB, oben Rn. 202). Allein die Vereinbarung im Innenverhältnis und die Firmierung als KG können nicht zu einer Haftungsbeschränkung zu Lasten der Gläubiger führen. Dies gilt konsequent aber nur, wenn der Kommanditist der Aufnahme der Geschäftstätigkeit zugestimmt hat, denn sonst könnte man ihm gegen seinen Willen die unbeschränkte Haftung aufzwingen.

→ Entscheidung 67

Die Regelung des § 176 Abs. 1 S. 1 HGB steht allerdings unter einem Vorbehalt: **249**
Soweit der Gläubiger *weiß*, dass ein Gesellschafter nur beschränkt haften soll (also nach Eintragung Kommanditist wird), haftet der betreffende Gesellschafter auch vor der Eintragung nur beschränkt. Generell kein Vertrauen auf eine unbeschränkte Haftung soll bestehen, soweit der betreffende Gläubiger überhaupt keine rechtsgeschäftlichen Beziehungen zu der Gesellschaft unterhält, sondern nur „zufällig“ (z. B. bei einem Verkehrsunfall) mit der Gesellschaft in Kontakt geraten ist (sog. „**Unrechtsverkehr**“). Es genügt hingegen nicht, wenn das Vertrauen durch das allgemeine Auftreten nach außen beeinträchtigt wird, z. B. durch ein Auftreten als „KG“ schon vor der Eintragung. Vielmehr muss das *spezifische* Vertrauen im Hinblick auf den konkreten Kommanditisten erschüttert werden.

Schwierigkeiten bereitet allerdings § 176 Abs. 1 S. 2 HGB: Danach gilt die Regel **250**
des § 176 Abs. 1 S. 1 HGB nicht für Gesellschaften, die erst durch Eintragung zur Handelsgesellschaft werden (also vorher **Gesellschaften bürgerlichen Rechts** sind). Das würde zu dem widersinnigen Ergebnis führen, dass es insoweit bei der unbeschränkten Haftung analog § 128 S. 1 HGB verbleibt. Anders ausgedrückt: Bei großen Gesellschaften haften die zukünftigen Kommanditisten nur unbeschränkt, wenn der Gläubiger gutgläubig ist, bei kleinen Gesellschaften haften sie hingegen auch bei Bösgläubigkeit unbeschränkt.

Sinn der Regelung war es jedoch eigentlich, kleine Unternehmen zu **privilegie-** **251**
ren: Sie entstand zu einer Zeit, als die unbeschränkte Haftung noch ein besonderes Merkmal der Personenhandelsgesellschaften war, also § 128 HGB nicht auf die BGB-Gesellschaft analog angewandt wurde (Rn. 203 ff.). Die kleinen Unternehmen waren also besser gestellt, wenn man das Recht der BGB-Gesellschaft und nicht das durch § 176 HGB modifizierte Recht der OHG anwandte. Durch die Analogie zu § 128 HGB für die BGB-Außengesellschaft wird dieses Ziel heute aber verfehlt. Zur Korrektur muss man § 176 Abs. 1 S. 2 HGB teleologisch *„auf Null“* reduzieren, also so tun, als sei er nicht im Gesetz vorhanden, oder § 176 Abs. 1 S. 1 HGB analog auch auf kleingewerbliche Gesellschaften anwenden.

Wird die KG als solche eingetragen, haften die Kommanditisten weiterhin unbeschränkt für vor der Eintragung begründete Verbindlichkeiten. Allerdings greift insoweit die zeitliche Beschränkung des § 160 HGB (oben Rn. 175).

252 **bb) Eintritt in bestehende OHG oder KG als Kommanditist.** Für die vor seinem Beitritt begründeten Verbindlichkeiten haftet ein neu eintretender Kommanditist nur beschränkt (§ 173 HGB). Nach § 176 Abs. 2 HGB haftet er jedoch **unbeschränkt** für alle Verbindlichkeiten, die im Zeitraum zwischen seinem Beitritt und dessen Eintragung entstehen. Anders als im Fall des § 176 Abs. 1 HGB (oben Rn. 248) ist eine Zustimmung in die Fortsetzung der Geschäfte nicht erforderlich. Praktisch behilft man sich, indem die Wirksamkeit des Beitritts mit dessen Eintragung aufschiebend bedingt wird (§ 158 Abs. 2 BGB).

→ Fall 14

253 **b) Keine Haftung.** Nach § 171 Abs. 1, 2. Halbsatz HGB haftet ein Kommanditist überhaupt nicht, soweit er einen seiner Haftsumme entsprechenden Betrag „geleistet" ist. Dafür ist zunächst einmal die tatsächliche Zuwendung eines Vermögensvorteils an die Gesellschaft erforderlich. Dieser kann in der Zahlung von Geld, der Übereignung von Sachen oder auch in der Erbringung von Dienstleistungen liegen. Möglich ist darüber hinaus die Befreiung von einer Verbindlichkeit durch Zahlung an einen Gläubiger (soweit dessen Forderung werthaltig war). Schließlich kommt auch die Erbringung der Einlage durch Stehenlassen des Gewinnanteils in Betracht (§ 167 Abs. 2 HGB).

254 **c) Beschränkte Haftung.** Der Regelfall des Gesetzes ist die auf einen bestimmten Betrag begrenzte Haftung des Kommanditisten (§ 171 Abs. 1, 1. Halbsatz HGB). Diese beschränkte Haftung beginnt mit dem Beitritt und dauert bis zur vollständigen Leistung der Einlage (oben Rn. 252). Sie lebt wieder auf, sobald die Einlage zurückgewährt wird (§ 172 Abs. 4 S. 1 HGB). Anders als in der GmbH gibt es nämlich kein grundsätzliches Rückgewährverbot (§ 30 Abs. 1 S. 1 GmbHG, unten Rn. 282). Als „Rückzahlung" ist dabei jede Zuwendung an den Kommanditisten auf Kosten der Gesellschaft zu qualifizieren. Zu denken ist etwa an die Zahlung an einen Gläubiger des Kommanditisten, die Rückgabe einer Sacheinlage, etc. Keine Rückgewähr liegt in Zahlungen von Komplementären, soweit diese keinen Regresse bei der Gesellschaft nehmen können.

→ Entscheidungen 68, 69

255 Eine **Gewinnentnahme** aus dem Gesellschaftsvermögen führt nach § 172 Abs. 4 S. 2 HGB ebenfalls zum Aufleben der Haftung, wenn der rechnerische Kapitalanteil (oben Rn. 157) danach niedriger als die im Handelsregister eingetragene Haftsumme ist. Allerdings ist der gutgläubige Kommanditist nach § 172 Abs. 5 HGB geschützt.

d) Sonderproblem: Gesellschafterwechsel. Ein ausscheidender Kommanditist haftet nach §§ 161 Abs. 2 HGB i. V. m. § 160 HGB für einen Zeitraum von fünf Jahren für alle Verbindlichkeiten, die vor seinem Ausscheiden begründet sind (oben Rn. 175). Das ist solange unproblematisch, wie seine Einlage geleistet und nicht zurückgewährt wurde – denn dann haftet er bekanntlich nicht (oben Rn. 253). Jedoch ist auch die Zahlung einer Abfindung (§ 738 BGB, Rn. 189) als Rückgewähr der Einlage zu qualifizieren. Etwas anderes gilt nur, wenn die Abfindung nicht aus dem Vermögen der KG, sondern von einem Gesellschafter geleistet wird. **256**

→ Entscheidungen 70, 71

Bei einer **Übertragung des Kommanditanteils** durch Abtretung (§§ 398, 413 BGB) ist demgegenüber eine Befreiung des Ausscheidenden von seiner Haftung möglich. Die Rechtsprechung erlaubt hierzu die Eintragung eines „Nachfolgevermerks" im Handelsregister, der aussagt, dass die Stellung des Kommanditisten A auf seinen Nachfolger B übergegangen ist. Hierbei scheidet kein Gesellschafter aus, eine Zahlung findet nur zwischen den beiden Personen statt, nicht jedoch zu Lasten des Gesellschaftsvermögens. Eine durch den Ausscheidenden erbrachte Einlage wirkt also zugunsten seines Nachfolgers fort. **257**

Schwierig ist die Übertragung jedoch, wenn die Nachfolge **nicht im Register** offengelegt wurde. Aus Sicht des Verkehrs stellt sich dann die Nachfolge als Ausscheiden des A in Verbindung mit einem Eintritt des B dar. A würde dann nach § 161 Abs. 2 HGB i. V. m. § 160 HGB für 5 Jahre für die alten Verbindlichkeiten haften; B würde demgegenüber nach § 171 Abs. 1, 1. Halbsatz HGB haften – es gäbe eine Verdoppelung der Einlage. Gegenüber gutgläubigen Dritten sind die Beteiligten so zu behandeln, als wäre dies tatsächlich der Fall. Der BGH geht dann davon aus, dass der neue Kommanditist die Einlage nicht erneut erbringen muss, wohl aber der ausgeschiedene Kommanditist im Verhältnis zu den Altgläubigern (die Veräußerung wird als Rückzahlung analog § 172 Abs. 4 HGB qualifiziert). Demgegenüber wird verbreitet von einer gesamtschuldnerischen Haftung des ausgeschiedenen neben dem neu eingetretenen Gesellschafter im Verhältnis zu den Altgläubigern ausgegangen. Gegenüber Neugläubigern besteht unter keinen Umständen eine Haftung des ausgeschiedenen Kommanditisten. **258**

→ Entscheidungen 72, 73

→ Fall 15

5. Kapitel Die GmbH und die Unternehmergesellschaft (haftungsbeschränkt)

259 Zahlenmäßig ist die GmbH die bedeutendste Rechtsform in Deutschland – über eine Million Gesellschaften haben sich für sie entschieden. Grund hierfür sind nicht nur die geringen Kosten der Gründung (unten Rn. 274), sondern auch die erhebliche Flexibilität beim Gesellschaftszweck (unten Rn. 271) und (anders als bei der Aktiengesellschaft, unten Rn. 336) bei der inneren Organisation. So können die Bedürfnisse der Gesellschafter umgesetzt werden und gleichzeitig das Privileg beschränkter Haftung bestehen bleiben (anders ist die Lage bei der AG wegen § 23 Abs. 5 AktG, unten Rn. 327). Rechtsgrundlage ist das GmbH-Gesetz aus dem Jahr 1892, das zuletzt mit Wirkung ab November 2008 durch das MoMiG grundlegend reformiert wurde. Dabei wurde mit der „Unternehmergesellschaft (haftungsbeschränkt)" (abgekürzt „UG (haftungsbeschränkt)"; auf den sperrigen Klammerzusatz darf nach § 5a Abs. 1 GmbHG nicht verzichtet werden) die Möglichkeit zur Gründung mit einem Stammkapital von weniger als 25.000 € geschaffen (zum Kapitalschutz in der UG (haftungsbeschränkt) unten Rn. 284). Die UG (haftungsbeschränkt) ist im Übrigen hingegen eine echte GmbH, die jedoch zur Information der Geschäftspartner zwingend die abweichende Bezeichnung führen muss.

I. Entstehung

260 1. **Ablauf.** Wie der Verein (s. Rn. 32 ff.) und die Aktiengesellschaft (s. Rn. 327) entsteht eine GmbH bzw. eine UG (haftungsbeschränkt) in drei aufeinanderfolgenden Schritten. Anders als beim Verein (aber wie bei der AG, s. Rn. 327) bleibt die mündliche oder schriftliche Verabredung zur GmbH-Gründung noch ohne rechtliche Folgen – der Entstehungsprozess beginnt erst mit dem beurkundeten **Vertragsschluss bei einem Notar** (§ 2 Abs. 1 GmbHG) bzw. durch die dortige Beurkundung eines Musterprotokolls (§ 2 Abs. 1a GmbHG). Danach oder in diesem Zusammenhang werden die Organe (Geschäftsführer, Rn. 294) und evtl. Aufsichtsrat (Rn. 293) bestellt und die Einlagen erbracht (Rn. 276).

Erst mit der Eintragung der Gesellschaft beim Registergericht (§ 10 GmbHG) als letztem Schritt entsteht die GmbH „als solche“ (§ 11 Abs. 1 GmbHG).

Von besonderer Bedeutung sind dabei der Zeitpunkt der notariellen Beurkun- 261
dung und die Eintragung – denn dabei ändert sich jeweils die **Haftung der Gesellschafter**:

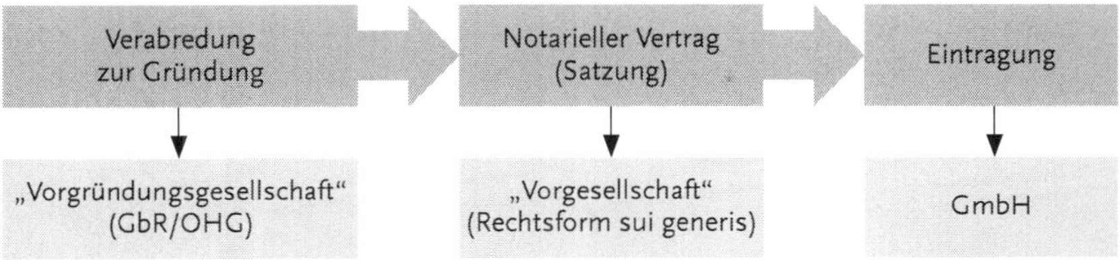

Soweit bereits vor dem Besuch des Notars Verbindlichkeiten eingegangen wer- 262
den, liegt unstreitig noch nicht einmal der „Grundstein“ der GmbH. Es handelt sich vielmehr um eine GbR (s. Rn. 106) oder, falls schon nach Art und Umfang der Tätigkeit ein kaufmännisch eingerichteter Gewerbebetrieb erforderlich ist (§ 1 Abs. 2 HGB), um eine OHG (s. Rn. 106). Der hierfür verwandte Ausdruck **„Vorgründungsgesellschaft“** löst keine besonderen rechtlichen Folgen aus. Einen einklagbaren oder zum Schadensersatz verpflichtenden Anspruch auf Abschluss des Vertrags begründet die formlose Verabredung zur Gründung nicht. Eine solche Pflicht bedürfte nämlich zu ihrer Wirksamkeit ebenfalls der Beurkundung, um den Schutz des § 2 GmbHG nicht zu umgehen.

→ Entscheidungen 74 –76

Ohne rechtlichen Bezug (und damit auch ohne Übergang der Rechte und 263
Pflichten) zur Vorgründungsgesellschaft ist die sog. **„Vorgesellschaft“** (oder: Vor-GmbH), die mit Abschluss des Vertrages beim Notar bzw. der Beurkundung des Gründungsprotokolls entsteht. Damit ist der erste ernsthafte Schritt zur Gründung getan. Im Innenverhältnis gilt daher bereits das Recht einer vollwertigen GmbH. Aber auch im Außenverhältnis handelt es sich nicht mehr um eine Personengesellschaft: Die Gesellschafter haften den Gläubigern nicht mehr persönlich (anders § 128 HGB, oben Rn. 202); die Stellvertretung und Geschäftsführung obliegt den Geschäftsführern, die nicht Gesellschafter sein müssen (der „Grundsatz der Selbstorganschaft“, s. Rn. 149, gilt also nicht mehr). Darüber hinaus gehen Vermögen und Schulden der Vor-GmbH insgesamt und ohne weitere Schritte auf die spätere GmbH über, die Vor-GmbH ist also echtes Durchgangsstadium der späteren Gesellschaft.

→ Entscheidungen 77–79

264 Würde es dabei sein Bewenden haben, würde die „GmbH in Gründung" bereits das Haftungsprivileg einer „echten" GmbH erhalten, ohne die damit einhergehende Transparenz durch Eintragung im Handelsregister und die Prüfung der Einlageerbringung. Das kann natürlich nicht sein. § 11 Abs. 2 GmbHG ordnet zunächst eine persönliche Haftung der für die Vor-GmbH Handelnden, also der Geschäftsführer, an („**Handelndenhaftung**"). Diese ist sogar europarechtlich durch die „Publizitätsrichtlinie" vorgeschrieben. Es gibt jedoch eine noch bessere Lösung des Konflikts zwischen Gläubigerschutz und Ermöglichung der Geschäftstätigkeit vor Eintragung: Im Moment der Eintragung erlischt nämlich die persönliche Haftung der Handelnden gegenüber den Gläubigern; diese können sich von diesem Moment an nur noch an die GmbH halten. Die GmbH hat jedoch ihrerseits einen Anspruch gegen die Gesellschafter auf Ausgleich aller Verluste, die vor der Eintragung entstanden sind – ihr Vermögen abzüglich der Schulden muss am Tag der Eintragung mindestens den Betrag des Stammkapitals erreichen („**Unterbilanzhaftung**"). Diese Haftung der Gesellschafter ist anteilig. Dies bedeutet, dass die Verluste so aufgeteilt werden, wie sich die Geschäftsanteile zum Stammkapital verhalten. Allerdings besteht eine Ausfallhaftung der übrigen Gesellschafter analog § 24 GmbHG (Rn. 287), wenn ein Gesellschafter seinen Anteil an den Verlusten nicht ausgleichen kann. Die Unterbilanzhaftung greift erst mit der Eintragung ein, zuvor bestehen keine Ansprüche gegen die Gesellschafter.

265 **Beispiel:**
A hat einen Anteil von 20.000 €, B einen Anteil von 10.000 € und C einen Anteil von 10.000 € an einer neu gegründeten GmbH übernommen. Bei Eintragung sind bereits Verluste von 8.000 € entstanden. Die GmbH kann von A Zahlung von 4.000 € ($^1/_2$) verlangen sowie jeweils 2.000 € ($^1/_4$) von B und C. Die Gläubiger können sich demgegenüber nur an die GmbH halten, nicht hingegen an die Gesellschaft A, B und C (sie können aber den Anspruch der GmbH gerichtlich pfänden und sich überweisen lassen). Wenn A statt der auf ihn eigentlich entfallenden 4.000 € nur 2.000 € zahlen kann, müssen B und C analog § 24 GmbHG jeweils 1.000 € zusätzlich übernehmen, also insgesamt 3.000 € pro Person zahlen.

→ Entscheidungen 80 bis 84

266 Was gilt aber, wenn die Gesellschaft nicht eingetragen wird? Dies ist etwa denkbar, wenn die Satzung Fehler aufweist oder das Stammkapital nicht ordnungsgemäß aufgebracht wurde (unten Rn. 274). Soweit die Eintragung (trotz der

insoweit erfolgenden Hinweise des Registergerichts) endgültig scheitert, müssen die Gesellschafter sich entscheiden, jegliche Geschäftstätigkeit aufzugeben oder fortan als Personengesellschaft (je nach Umfang als OHG oder als BGB-Gesellschaft, oben Rn. 106) tätig zu werden. Setzen sie die Geschäfte als „**unechte Vorgesellschaft**") fort, haftet jeder einzelne Gesellschafter gesamtschuldnerisch unbeschränkt und persönlich unmittelbar den Gläubigern (§ 128 HGB) für alte und neue Verbindlichkeiten. Wird dagegen die Geschäftstätigkeit komplett aufgegeben, greift nur eine „**Verlustdeckungshaftung**": Die Gläubiger können sich nur an die Gesellschaft halten, die Gesellschafter haften anteilig im Innenverhältnis gegenüber der Gesellschaft auf Ausgleich der Verluste. Diese Haftung entspricht also der Haftung bei erfolgreicher Eintragung (Rn. 265) mit dem Unterschied, dass eine „Auffüllung" auf das Stammkapital nicht mehr erforderlich ist – denn eine GmbH soll ja nie entstehen. Es genügt der Ausgleich der Verluste „auf 0".

→ Entscheidungen 85 bis 87
→ Fall 16

2. Gesellschaftsvertrag. Der **Gesellschaftsvertrag** (auch als „Satzung" bezeichnet, **267**
obwohl das GmbH-Gesetz anders als das AktG oder das Vereinsrecht des BGB selbst diesen Begriff nicht verwendet) der GmbH ist aufgrund der großen Gestaltungsmöglichkeit im Gegensatz zu § 23 Abs. 5 AktG (Rn. 327) von besonderer Bedeutung. An der Gründung einer GmbH können nicht nur natürliche Personen (= Menschen) und juristische Personen beteiligt sein, sondern auch Personengesellschaften, insbes. BGB-Gesellschaft, OHG und KG. Es genügt ein einzelner Gesellschafter (bei Personengesellschaften bedarf es demgegenüber mindestens zwei Beteiligter, Rn. 112; an der Gründung eines eingetragenen Vereins „sollen" sogar sieben Personen beteiligt sein, Rn. 34). Insoweit weicht der Begriff des „Vertrags" von demjenigen des BGB ab, wo stets zwei Beteiligte erforderlich sind. Durch diese sogar europarechtlich vorgeschriebene Einpersonengründung (Richtlinie 89/667/EWG) soll für Einzelunternehmer die Möglichkeit zur Haftungsbeschränkung geschaffen werden. Formal bedarf der Vertrag der -notariellen Beurkundung (§ 2 Abs. 1 GmbHG, § 128 BGB, §§ 6 ff. BeurkG).

Für einfache Fälle, in denen kein individueller Anpassungsbedarf der Gesell- **268**
schafter besteht, kann statt eines Gesellschaftsvertrags die Gründung auch auf Grundlage eines als Anlage zum GmbH-Gesetz gesetzlich standardisierten **Musterprotokolls** (§ 2 Abs. 1a GmbHG) erfolgen. Dabei beschränken sich die Gestaltungsmöglichkeiten auf die Namen der (bis zu drei) Gründer, deren je-

weilige Beteiligung, Firma und Sitz sowie den Gesellschaftszweck. Es muss exakt einen Geschäftsführer geben, der von den Beschränkungen des § 181 BGB befreit ist. Regelungen etwa für den Erbfall, Einschränkungen der Übertragbarkeit von Geschäftsanteilen (§ 15 Abs. 5 GmbHG, unten Rn. 307) sind nicht möglich. Bei der Gründung mit dem Musterprotokoll gibt es gewisse Einsparungen bei den Notargebühren (349 Euro statt 515 Euro), der Notar muss die Gründer aber trotzdem über die Gefahren der gewählten Rechtsform und der konkreten Gestaltung durch das Musterprotokoll belehren. Soweit also Bedarf nach erbrechtlichen Regelungen etc. besteht, wird der Notar auf einen individuellen Gesellschaftsvertrag hinwirken.

269 Der **Mindestinhalt** der Satzung richtet sich nach § 3 GmbHG. Zu beachten ist, dass der in der Satzung genannte Sitz nicht zwingend einen Bezug zum Ort der Geschäftstätigkeit oder der Verwaltung der Gesellschaft haben muss (§ 4a GmbHG). Die Registerdaten sind nämlich online verfügbar und dadurch ohnehin von jedem Ort aus abrufbar (www.handelsregister.de bzw. www.unternehmensregister.de).

270 **Beispiel:**
Eine GmbH, die ausschließlich in Großbritannien tätig ist und ihr einziges Büro in London hat, kann im Düsseldorfer Handelsregister eingetragen sein. Ebenso kann eine GmbH, die nur in München tätig ist, im Hamburger Register erfasst sein.

271 Eine GmbH kann zu jedem denkbaren Zweck gegründet werden – auch die sog. „gemeinnützige GmbH" hat eine gewisse praktische Bedeutung erlangt. Daneben ist die GmbH auch für freiberufliche Tätigkeiten (oben Rn. 259, 267) geöffnet – Anwaltskanzleien und Krankenhäuser können daher in diese Rechtsform betrieben werden. Allerdings hat die Wahl der GmbH stets zur Folge, dass die Gesellschaft als **Formkaufmann** (§ 6 Abs. 1 HGB) gilt, also alle Vorschriften des HGB für sie gelten. Der Zweck muss also anders als bei §§ 1, 2 HGB nicht auf ein „Gewerbe" gerichtet sein (ebenso auch § 3 Abs. 1 AktG, unten Rn. 324). Auch sonst wirkt der Zweck nicht beschränkend; wenn die Geschäftsführer ihre Befugnis überschreiten, ist das Handeln gegenüber Dritten wirksam (§ 37 Abs. 1 GmbHG, Rn. 295).

272 3. **Mantelkauf.** Um den Aufwand einer Neugründung und die Gefahr einer Handelnden- oder Vorbelastungshaftung (Rn. 264) zu vermeiden, wird manchmal eine bestehende, aber nicht mehr unternehmerisch aktive GmbH als Grundlage für den Betrieb des Unternehmens erworben. Man spricht insoweit vom Kauf eines „GmbH-Mantels"; es gibt sogar speziell für spätere Tätigkeiten vorbereitete Gesellschaften, sog. Vorrats-GmbHs. Sowohl bei Verwendung einer bereits benutzten, aber zwischenzeitlich inaktiven Mantelgesellschaft als auch bei Übernahme einer eigens bereit gehaltenen Vorratsgesellschaft genügt es grundsätzlich, wenn die Unternehmer alle Anteile erwerben, einen neuen Geschäftsführer bestellen und evtl. Firma und Gesellschaftszweck ändern. Um aber eine Umgehung der Kapitalaufbringungsvorschriften zu verhindern, müssen im Zeitpunkt der Restrukturierung die Voraussetzungen der §§ 5, 7 Abs. 2, 9, 9a und 19 GmbHG (unten Rn. 276 ff.) eingehalten werden; auch muss eine registergerichtliche Prüfung (§ 9c GmbHG) stattfinden.

→ Entscheidungen 88, 89
→ Fall 17

II. Finanzierung und Haftung

Die GmbH haftet als juristische Person (§ 13 Abs. 1 GmbHG) nur mit ihrem 273
eigenen Vermögen (§ 13 Abs. 2 GmbHG) – allerdings nicht nur mit dem Stammkapital (unten Rn. 274), sondern mit allen ihr gehörenden Wertgegenständen. Dies gilt auch für die Unternehmergesellschaft (haftungsbeschränkt): Auch dort ist die Haftung der Geschäftsführer oder gar der Gesellschafter eine seltene Ausnahmeerscheinung. Besondere Bedeutung haben daher die Vorschriften zur Aufbringung des Stammkapitals („**Kapitalaufbringung**") sowie das Verbot, dieses an die Gesellschafter zurückzugewähren („**Kapitalerhaltung**"). Als Handelsgesellschaften sind GmbH und UG (haftungsbeschränkt) verpflichtet, Handelsbücher zu führen und einen Jahresabschluss zu erstellen. Diese Informationen müssen nach dem gesetzlichen Grundsatz in Umsetzung der EU-Publizitätsrichtlinie im Unternehmensregister offengelegt werden (§ 325 HGB). Etwas anderes gilt nur für Kleinstkapitalgesellschaften (§ 276a HGB): Diese müssen ihre Bilanz nur beim Bundesanzeiger Verlag hintergelegen (§ 326 Abs. 2 HGB), der Abruf ist dann nur gegen Gebühr möglich. Praktisch sind die Mehrzahl der Gesellschaften solche „Kleinstkapitalgesellschaften".

1. Das Stammkapital. Wie die Aktiengesellschaft (und anders als der Verein, s. 274
Rn. 24, oder die Personengesellschaften, s. Rn. 158) haben sowohl die GmbH

als auch die UG (haftungsbeschränkt) ein fixes Stammkapital – daher gehören sie zu den „**Kapitalgesellschaften**". Die genaue Höhe muss in der Satzung bestimmt sein (§ 3 Abs. 1 Nr. 3 GmbHG) und wird als eigener Passivposten in der Bilanz geführt (§ 266 Abs. 3 A I HGB). Dies hat zur Folge, dass ausschüttbares Kapital nur dann vorliegt, wenn das Vermögen nicht nur die Verbindlichkeiten, sondern auch die Stammkapitalziffer übersteigt (siehe unten Rn. 356 zur AG). Das Stammkapital wirkt also als Puffer zum Schutz der Gläubiger.

275 Während für die GmbH das Stammkapital **mindestens** 25.000 € betragen muss (aber auch mehr betragen kann), darf es für die UG (haftungsbeschränkt) den Betrag von 24.999 € nicht überschreiten (zum Vergleich: mindestens 50.000 € für die AG bzw. 120.000 € für die SE, unten Rn. 353). Darüber hinaus muss der Betrag stets durch 1 € teilbar sein (§ 5 Abs. 2 GmbHG). Für die Gründung einer UG (haftungsbeschränkt) muss also jeder Gesellschafter mindestens 1 € (in Geld, § 5a Abs. 2 GmbHG) investieren. Der Verkehr wird durch die Firma gewarnt: Das stets ausgeschriebene (und umständliche) Wort „haftungsbeschränkt" weist deutlich darauf hin, dass keine persönliche Haftung, aber auch kein Mindestkapital besteht. Wird der Zusatz weggelassen oder durch etwas anderes ersetzt, droht eine persönliche Haftung analog § 179 BGB, wobei allerdings vorausgesetzt wird, dass der Gläubiger konkret auf eine persönliche Haftung oder bessere Schutzmechanismen (etwa „GmbH" statt „UG (haftungsbeschränkt)") vertraute. In gleicher Weise haftet auch ein Geschäftsführer mit seinem Privatvermögen, der den Zusatz „GmbH" weglässt.

→ Entscheidungen 89a, 89b, 89c

276 a) **Kapitalaufbringung.** Jeder Gesellschafter übernimmt einen „Geschäftsanteil", deren Summe das Stammkapital (also mindestens 25.000 € bei der GmbH, 1 € bei der UG (haftungsbeschränkt) bzw. den in der Satzung bestimmten höheren Betrag) erreichen muss, § 5 Abs. 3 GmbHG. Die erbrachten Leistungen müssen sich *„endgültig in der freien Verfügung der Geschäftsführer"* befinden (§ 8 Abs. 2 S. 1 GmbHG). Ein nur vorübergehendes Einzahlen („**Hin- und Herzahlen**") ist aber ausnahmsweise nach § 19 Abs. 5 GmbHG möglich, soweit die Gesellschaft einen vollwertigen Rückgewähranspruch erhält, der jederzeit fällig ist oder durch fristlose Kündigung durch die Gesellschaft fällig werden kann. Gemeint sind damit vor allem (eventuell zinslose) Darlehen; Austauschverträge (Kauf, Dienstvertrag, etc.) fallen nicht darunter, sondern allenfalls unter die Regelung zur verdeckten Sacheinlage (§ 19 Abs. 4 GmbHG, Rn. 279). Solche Vereinbarungen müssen darüber hinaus offengelegt werden – ansonsten droht sogar strafrechtliche Verfolgung (§ 82 Abs. 1 Nr. 1 GmbHG). Einen

Zahlungsanspruch hat aber immer nur die GmbH, auch bei Verstoß gegen die Einlagepflicht entsteht keine Außenhaftung wie in OHG und KG.

Außer bei der UG (haftungsbeschränkt) genügt es, wenn jeder Gesellschafter **¼ seines Geschäftsanteils** einzahlt, wobei insgesamt ½ von 25.000 € (also: 12.500 €) erreicht werden muss (§ 7 Abs. 2 GmbHG). Es handelt sich dabei jedoch nur um eine Stundung – auf Beschluss der Gesellschafter (§ 46 Nr. 2 GmbHG) können die Geschäftsführer den ausstehenden Betrag jederzeit einfordern. Bei der UG (haftungsbeschränkt) muss hingegen jeder seine Einlagepflicht in voller Höhe erfüllen. Erlass, Stundung und Aufrechnung durch den Gesellschafter sind generell ausgeschlossen (§ 19 Abs. 2 GmbHG). **277**

Oftmals sollen statt Geld andere Leistungen als Einlage eingebracht werden (s. o. Rn. 116 zu OHG und GbR). Anders als im Personengesellschaftsrecht (vgl. § 706 BGB) muss aber sichergestellt sein, dass die Einlagen auch wirklich werthaltig sind – denn es gibt keine persönliche Ausfallhaftung der Gesellschafter. Für die Unternehmergesellschaft (haftungsbeschränkt) ist daher die Erbringung von „**Sacheinlagen**" ausgeschlossen; die Gesellschafter können stattdessen das Stammkapital anhand ihrer individuellen Leistungsfähigkeit festlegen (kein Mindestkapital, Rn. 275). Im sonstigen GmbH-Recht sind Sacheinlagen demgegenüber zulässig, soweit deren Gegenstand bewertbar ist – daran soll es bei Dienstleistungen fehlen (§ 27 Abs. 2 AktG, der insoweit entsprechend gilt; s. demgegenüber § 706 Abs. 3 BGB für die Personengesellschaften). Strukturell erfolgt ein Schutz zunächst durch eine Offenlegung der Sacheinlage in der Satzung (§ 5 Abs. 4 GmbHG) und die Begründung der Bewertung in einem sog. Sachgründungsbericht. Wurde die Einlage zu hoch bewertet, muss der Betreffende den Fehlbetrag in Geld einbringen (§ 9 GmbHG). Sacheinlagen müssen vor der Anmeldung *endgültig* zur freien Verfügung der Geschäftsführer stehen (§ 7 Abs. 3 GmbHG). Eine unabhängige Prüfung der Einlagen durch Dritte (wie in der AG, unten Rn. 329) ist hingegen nicht erforderlich, auch der Prüfungsumfang durch das Registergericht ist im Interesse einer schnellen Eintragung eingeschränkt (§ 8 Abs. 2 S. 2, § 9c GmbHG). **278**

Gelegentlich mögen diese für Sacheinlagen geltenden Vorschriften zu aufwendig scheinen. Statt eine Sacheinlage in der Satzung festzulegen, deren Bewertung in einem Bericht zu begründen und sich einer Prüfung durch das Registergericht zu unterwerfen, könnte man vereinbaren, zunächst Geld einzubringen und dann der Gesellschaft schlicht den Gegenstand zu „verkaufen". Eine solche Umgehung ist grundsätzlich verboten und stellt eine Pflichtverletzung des Geschäftsführers und der Gründer dar, die sogar strafrechtlich ver- **279** folgt wird (§ 82 Abs. 1 GmbHG). Man spricht insoweit von einer „**verdeckten Sacheinlage**" (§ 19 Abs. 5 GmbHG). Durch die zurückgezahlte Bareinlage hat der Gesellschafter seine Pflicht nicht erfüllt, ebenso wenig durch Erbringung des vereinbarten Gegenstandes. Das Gesetz ermöglicht aber eine Anrechnung des Wertes des der Gesellschaft übereigneten Gegenstandes, wenn die Gesellschaft im Handelsregister eingetragen wird. Der betroffene Gesellschafter muss den Wert des eingebrachten Gegenstandes beweisen. Damit entfällt die Strafbarkeit freilich nicht, für etwaige Wertdifferenzen haften der Gesellschafter und der Geschäftsführer.

280 Neben der Erbringung ihrer Einlagen (also Leistungen auf das Stammkapital) können die Gesellschafter der GmbH auch auf anderem Weg Kapital zur Verfügung stellen – als Darlehen, als Gegenleistung für Verträge (z. B. wenn die GmbH einem Gesellschafter etwas verkauft) oder sogar als Schenkung. Der Vorteil solcher Zuwendungen ist, dass sie nicht der Regelung des § 30 Abs. 1 GmbHG unterfallen (unten Rn. 283). Erst im Insolvenzfall sind Ansprüche der Gesellschafter auf Rückzahlung eines Darlehens nachrangig gegenüber sonstigen Gläubigern (§ 39 Abs. 1 Nr. 5 InsO); wurde das Geld innerhalb eines Jahres vor Insolvenzeröffnung zurückgezahlt, kann der Insolvenzverwalter im Wege der Insolvenzanfechtung Rückzahlung verlangen (§ 135 InsO).

→ Fall 18

281 **b) Kapitalerhaltung.** Das Stammkapital wird zwar unter den Passiva in der Bilanz verbucht (oben Rn. 274), es begründet aber keine Nachschusspflicht der Gesellschafter (dazu unten Rn. 286). Ebenso wenig bedeutet die satzungsmäßige Festlegung eines Stammkapitals, dass der gewählte Betrag nicht angetastet werden darf, sondern als unveränderliche Rücklage beibehalten werden muss. Das Stammkapital kann genau wie jedes andere Vermögen der Gesellschaft zur Begleichung von Gesellschaftsschulden verwendet werden, die Gesellschaft kann das Geld investieren oder sogar verspielen.

282 Der Grundsatz der „Kapitalerhaltung" besagt demgegenüber nur, dass das zur Erhaltung des Stammkapitals erforderliche Vermögen **nicht an die Gesellschafter** ausgeschüttet bzw. zurückgegeben werden darf (§ 30 Abs. 1 S. 1 GmbHG). Und selbst dieser Grundsatz kennt Ausnahmen (§ 30 Abs. 1 S. 2 GmbHG): Privilegiert sind zunächst Vertragskonzerne (unten Rn. 422) – dort sind Entnahmen unbeschränkt zulässig, damit ein für alle beteiligten Unternehmen gemeinsamer „Cash Pool" gebildet werden kann. Weiterhin sind Auszahlungen zulässig, soweit sie durch einen vollwertigen Gegenleistungs- oder Rückgewähranspruch gegen den Gesellschafter gedeckt sind. Im Unterschied zu Hin-

und Herzahlen bei der Kapitalaufbringung (§ 19 Abs. 5 GmbHG, oben Rn. 276) geht es dabei nicht nur um Darlehensverträge, erfasst sind auch „normale" gegenseitige Verträge, also Kauf, Tausch, etc. Der Grund für diese Privilegierung ist, dass der Schutz des § 30 Abs. 1 S. 1 GmbHG nicht „gegenständlich", sondern nur „bilanziell" wirken soll. Bei Verträgen der Gesellschaft mit ihren Gesellschaftern findet regelmäßig ein Aktivtausch statt – an Stelle von Bargeld oder einer Bankforderung erhält die Gesellschaft einen Anlagegegenstand. Solange die getauschten Gegenstände gleichwertig sind, erleiden die Gläubiger keinen Schaden – die Vermögensmasse bleibt gleich. Eventuelle Gefährdungen der Liquidität verhindert die Geschäftsführerhaftung nach § 64 S. 3 GmbHG (unten Rn. 291). Bei trotzdem verbotenen (= gegen nicht werthaltige Gegenleistungen erfolgenden) Ausschüttungen haften nicht nur der Empfänger und der Geschäftsführer auf Rückzahlung – ist von diesen Ersatz nicht zu erlangen, müssen die anderen Gesellschafter anteilig den Betrag erstatten (§ 31 Abs. 3 GmbHG, unten Rn. 287).

Um diesen Einschränkungen zu entgehen, werden Gesellschafter vielfach an **283**
Stelle von Einlagen Darlehen zur Finanzierung verwenden. § 30 Abs. 1 S. 3 GmbHG stellt klar, dass solche Darlehen zwar wie Eigenkapital der Finanzierung dienen mögen (daher sprach man früher unter bestimmten Voraussetzungen von „**eigenkapitalersetzenden Darlehen**"), jedoch nicht dem Rückzahlungsverbot unterliegen. Erst in der Insolvenz werden solche Darlehensansprüche anders behandelt (Rn. 280).

c) Ergänzende Schutzvorschriften. Bei der **Unternehmergesellschaft (haftungs-** **284**
beschränkt) besteht zwar kein Mindestkapital (oben Rn. 275), die Vorschriften über Kapitalaufbringung und -erhaltung gelten aber trotzdem. Ergänzend verlangt § 5a Abs. 3 GmbHG, dass ein Viertel des jährlichen Gewinns als „gesetzliche Rücklage" angespart wird. Dieser Sparbetrag darf nicht an die Gesellschafter ausgeschüttet werden – selbst wenn die gesetzliche Rücklage insgesamt 25.000 € übersteigt. Sie darf jedoch verwendet werden, um Schulden der GmbH zu begleichen. Erst mit einer formellen Kapitalerhöhung (§§ 5a Abs. 5, 57c GmbHG) auf einen Betrag von 25.000 € oder mehr entfällt die Pflicht zur Rücklagebildung und es kann auf den ersparten Restbetrag zurückgegriffen werden. Auch hier greift der Schutz aber nur gegenüber den Gesellschaftern, Schulden können selbstverständlich aus der gesetzlichen Rücklage beglichen werden.

285 **Beispiel:**
Im ersten Jahr erwirtschaftet eine UG (haftungsbeschränkt) einen Gewinn von 100.000 €. Es sind 25.000 € ($^1/_4$) als Rücklage zu sparen, die übrigen 75.000 € können an die Gesellschafter verteilt oder ebenfalls (ohne Beschränkung der späteren Ausschüttungsfähigkeit) angespart werden. Wenn im folgenden Jahr erneut ein Gewinn von 100.000 € gemacht wird, darf auch dieser nicht voll ausgezahlt werden – es muss wieder ein Viertel dieses Gewinns (also 25.000 €) angespart werden, auch wenn die Rücklage dadurch auf 50.000 €, also auf mehr als 25.000 € ansteigt. Ausweg ist eine Kapitalerhöhung aus Gesellschaftsmittel (§ 57c GmbHG) auf ein Stammkapital von 25.000 € – dadurch wird die UG (haftungsbeschränkt) zur GmbH und statt § 5a GmbHG gilt nur noch das Ausschüttungsverbot aus § 30 GmbHG. Die Firma der Gesellschaft kann trotz einer solchen Kapitalerhöhung beibehalten werden; trotz Bezeichnung als „UG (haftungsbeschränkt)" greift § 5a GmbHG dann nicht mehr ein.

286 **d) Kapitalerhöhung und -herabsetzung.** Soweit die Gesellschaft neues Kapital benötigt, stehen (neben dem Abschluss von Darlehensverträgen mit Dritten, z. B. einer Bank) drei Wege zur Verfügung:

- Nach §§ 26 f. GmbHG ist es möglich, aber praktisch unüblich, eine **Nachschusspflicht** zu vereinbaren. Soweit der Gesellschaftsvertrag dies vorsieht, können die Gesellschafter durch einen Beschluss Nachschüsse in beschränkter oder unbeschränkter Höhe einfordern.
- Das in der Satzung festgelegtes Stammkapital muss nicht unverändert bleiben. Eine Erhöhung kann durch Zuschuss von frischem Kapital durch die Gesellschafter erfolgen (Erhöhung gegen Einlagen; „**effektive Kapitalerhöhung**", § 55 GmbHG) – aber auch durch Umwidmung „freien" Gesellschaftsvermögens in Stammkapital (Erhöhung aus Gesellschaftsmitteln, „**nominelle Kapitalerhöhung**"). Bei der Kapitalerhöhung gegen Einlagen sind bei der UG (haftungsbeschränkt) nach § 5a Abs. 2 GmbHG Sacheinlagen so lange ausgeschlossen, bis das in der Satzung bestimmte Stammkapital einen Betrag von 25.000 € erreicht– danach greift § 5a GmbHG nicht mehr ein (Rn. 285) und es sind auch Sacheinlagen möglich. Die Anforderungen an Veränderungen des Stammkapitals sind allerdings streng: Es handelt sich um eine Änderung des Gesellschaftsvertrags, die ¾ Mehrheit und notarieller Beurkundung bedarf, darüber hinaus müssen bei einer effektiven Kapitalerhöhung die Voraussetzungen der Kapitalaufbringung (oben Rn. 276) eingehalten werden. Eine gewisse Vereinfachung bildet die Schaffung eines ge-

nehmigten Kapitals (§ 55a GmbHG): Damit darf der Geschäftsführer das Kapital ohne neuen Beschluss der Gesellschafterversammlung um bis zu 50 % erhöhen. Dies erfolgt grundsätzlich gegen Bareinlagen der Gesellschafter, es können aber auch Sacheinlagen vorgesehen werden.
- Möglich ist es schließlich, dass die Gesellschafter der Gesellschaft Vermögensgegenstände aufgrund **schuldrechtlicher Verträge** (Miete, Darlehen, Verkauf, ...) zur Verfügung stellen (s. Rn. 280).

2. Haftung der Gesellschafter. Die Gesellschafter haften für die Erbringung ihrer Einlagen (§ 19 Abs. 1 GmbHG) und auf die Rückgewähr zu Unrecht gewährter Auszahlungen (§ 31 Abs. 1 GmbHG). Soweit ein Gesellschafter diese Pflichten nicht erfüllen kann, haften die übrigen Gesellschafter im Wege der **Ausfallhaftung** anteilig (§ 24 GmbHG, § 31 Abs. 3 GmbHG). Diese Haftung gilt entsprechend für die Vorbelastungs- bzw. Unterbilanzhaftung (oben Rn. 282). Darüber hinaus haften die Gesellschafter (neben den Geschäftsführern), wenn sie **falsche Angaben bei der Errichtung der GmbH** machen (§ 9a Abs. 1 GmbHG) – wobei sie sich der Haftung dadurch entziehen können, dass sie nachweisen, weder vorsätzlich noch fahrlässig gehandelt zu haben. **287**

Eine Haftung der Gesellschafter wegen vorsätzlicher sittenwidriger Schädigung (§ 826 BGB) **unmittelbar gegenüber den Gläubigern** besteht, soweit eine Trennung der Vermögenssphären von GmbH und Gesellschaftern nicht erfolgt. Bei einer Einpersonen-GmbH ist dies etwa der Fall, wenn Privatkonto und Geschäftskonto vermischt werden (Vermögensvermischung). Soweit der Gesellschafter Vermögenswerte aus verschiedenen Quellen vermengt, muss er auch in Kauf nehmen, dass die Haftungsmassen kumuliert werden. **288**

Eine schwierige Konstellation wird als **„existenzvernichtender Eingriff"** bezeichnet. Anspruchsgrundlage ist auch insoweit eine vorsätzliche, sittenwidrige Schädigung (§ 826 BGB) – anspruchsberechtigt sind jedoch nicht die Gläubiger, sondern **die Gesellschaft**. Es handelt sich also um eine Innenhaftung, nicht um eine „Durchgriffshaftung". Der Grund hierfür ist, dass die einzelnen Gläubiger nur mittelbar von der Reduzierung des Gesellschaftsvermögens betroffen sind. Die sittenwidrige Handlung liegt darin, dass die Gesellschafter ihrer GmbH Vermögen entziehen und dabei dessen eigentliche Zweckbindung, die Erfüllung von Verbindlichkeiten der GmbH, außer Acht lassen. Erforderlich ist aber stets ein spezifierbarer kompensationsloser „Eingriff", der eine Insolvenz verursacht oder diese vertieft (s. auch § 64 S. 3 GmbHG, unten Rn. 291). Insoweit entfaltet die GmbH ein von ihren Gesellschaftern unterscheidbares „Eigeninteresse" – ihr Vermögen dient nicht nur den Gesellschaf- **289** tern, sondern vorrangig der Befriedigung der Gläubiger. Die Haftung steht selbstständig neben den Regeln der Kapitalerhaltung (§§ 30 f. GmbHG, oben Rn. 282)

→ Entscheidungen 90 und 91

→ Fall 19

290 **3. Haftung der Geschäftsführer.** Die Geschäftsführer haften der GmbH auf Schadensersatz, soweit sie gegenüber der Gesellschaft ihre **Pflichten verletzen**. Dies ist der Fall, soweit sie „die Sorgfalt eines ordentlichen Geschäftsmanns" außer Acht lassen (§ 43 Abs. 2 GmbHG). Sie haben allerdings einen erheblichen Entscheidungsspielraum, soweit es um unternehmerische Entscheidungen geht („**Business Judgment Rule**", näher unten Rn. 339). Wie im Aktienrecht (näher unten Rn. 338) trifft die Geschäftsführer in einem entsprechenden Rechtsstreit die Darlegungs- und Beweislast nicht nur für fehlendes Verschulden, sondern auch für das Fehlen einer Pflichtverletzung. Die Gesellschaft muss nur den Schaden darlegen und welcher Sachverhalt diesen verursacht hat. Die Haftung ist gesamtschuldnerisch – d. h. die Gesellschaft kann von jedem Geschäftsführer den vollen Schaden ersetzt verlangen; untereinander können die Geschäftsführer demgegenüber im Verhältnis ihrer Verschuldensanteile Ausgleich (§§ 426, 254 BGB) verlangen.

291 Eine besondere Haftung besteht, soweit Einlagen zurückgewährt werden (§ 43 Abs. 3 GmbHG) oder wenn trotz Vorliegens eines Insolvenzgrundes Vermögen an die Gesellschafter ausgeschüttet wird (§ 64 S. 1 GmbHG) oder aber „Zahlungen" im weitesten Sinne erfolgen, die zur Zahlungsunfähigkeit führen *mussten* (§ 64 S. 3 GmbHG). Die Gesellschafter können in diesen Fällen nicht auf den Anspruch verzichten; in der Praxis werden die Forderungen durch den Insolvenzverwalter geltend gemacht.

292 Eine Haftung der Geschäftsführer **unmittelbar gegenüber Gläubigern der Gesellschaft** kann sich insbes. aus der sog. „Sachwalterhaftung" (§§ 311 Abs. 3, 241 Abs. 2, 280 Abs. 1 BGB) ergeben; daneben sind Ansprüche aus § 826 BGB und § 823 Abs. 2 BGB i. V. m. einem spezifisch gläubigerschützenden Gesetz (etwa Betrug, § 263 StGB) in Betracht zu ziehen. Ein solches Schutzgesetz wird insbes. bei der Insolvenzantragspflicht in Fällen von Überschuldung oder Zahlungsunfähigkeit (§ 15a InsO) angenommen.

→ Entscheidungen 92, 93

III. Organisation

Eine GmbH *muss* zwei Organe haben – die Geschäftsführer (§§ 35 ff. GmbHG) und die Gesamtheit der Gesellschafter, die regelmäßig im Rahmen einer Gesellschafterversammlung (§§ 45 ff. GmbHG) handeln. Selbst wenn formal Personenidentität bestehen sollte (z. B. bei einer Einpersonengesellschaft), sind diese Organe streng voneinander zu trennen – eine GmbH wird im Geschäftsverkehr nicht durch ihre Gesellschafter, sondern durch ihre Geschäftsführer vertreten (§ 35 Abs. 1 S. 1 GmbHG). Zulässig ist es aber, weitere Organe zu schaffen, denen einzelne Befugnisse der Gesellschafterversammlung oder der Geschäftsführer zugewiesen werden – namentlich einen Aufsichtsrat (§ 52 GmbHG; ein Aufsichtsrat *muss* geschaffen werden, soweit die Gesellschaft der unternehmerischen Mitbestimmung unterliegt, unten Rn. 437). Der Gestaltungsfreiheit sind aber insoweit zunächst nur wenige Grenzen gesetzt – unzulässig wäre allein eine völlige Entmachtung der Gesellschafter auch für Fälle, in denen ein wichtiger Grund vorliegt oder eine Einschränkung der Vertretungsmacht der Geschäftsführer im Außenverhältnis (§ 37 Abs. 2 GmbHG). Daneben ist die äußere Grenze die „Sittenwidrigkeit" i. S. v. § 138 BGB, die praktisch kaum überschritten wird. **293**

1. Geschäftsführer (§§ 35 ff. GmbHG). Während die Vertretung der Gesellschaft als Aufgabe der Geschäftsführer ausdrücklich genannt ist (§ 35 Abs. 1 GmbHG), fehlt eine ausdrückliche Regelung zur Geschäftsführungsbefugnis im Innenverhältnis (anders §§ 76 f. AktG, s. Rn. 337). Die Kompetenzordnung ist daher mehrschichtig: Zwar obliegt die *Geschäftsführung* grundsätzlich den Geschäftsführern (daher auch ihr Name) – die Gesellschafter der GmbH haben jedoch ein **Weisungsrecht** gegenüber dem Geschäftsführer (§ 37 Abs. 1 GmbHG). Die Verteilung der Zuständigkeiten folgt (mit wenigen Ausnahmen, unten Rn. 299) aus dem Gesellschaftsvertrag. Demgegenüber ist der Vorstand einer AG unabhängig (§ 76 AktG) und die Hauptversammlung hat grundsätzlich keinen Einfluss auf die Geschäftsführung (§ 119 Abs. 2 AktG) – beides ist zwingend (§ 23 Abs. 5 AktG, s. Rn. 337). **294**

Demgegenüber sind nur die Geschäftsführer zur **Vertretung** der GmbH befugt (§ 35 Abs. 1 GmbHG). Die Geschäftspartner der Gesellschaft sind dabei mehrfach geschützt: Soweit jemand (auch stellvertretender) Geschäftsführer (§ 44 GmbHG) einer GmbH ist, darf er alle Geschäfte für die GmbH ausführen, seine Vertretungsmacht kann weder durch die Satzung noch durch Weisungen **295** zu Lasten Dritter beschränkt werden (§ 37 Abs. 1 GmbHG, s. Rn. 143 zur Parallelregelung für vertretungsberechtigte OHG-Gesellschafter und § 50 Abs. 1 HGB für Kommanditisten; unten Rn. 337 ff. für AG-Vorstände). Ergänzend greift der Schutz durch § 15 HGB, da die Geschäftsführer im Handelsregister einzutragen sind (§ 39 GmbHG); bis zur Löschung gilt daher der Eingetragene weiterhin als Geschäftsführer. Ein gewisser Schutz der Gesellschafter wird dadurch bewirkt, dass grundsätzlich nur alle Geschäftsführer gemeinsam die GmbH vertreten dürfen (§ 35 Abs. 2 S. 1 GmbHG, „Gesamtvertretung"; s. Rn. 141 zur BGB-Gesellschaft) und bei offenkundigem Missbrauch der Vertretungsmacht oder Kollusion das Handeln des Geschäftsführers die Gesellschaft nicht verpflichtet. Aus Praktikabilitätsgründen wird aber oft zulässigerweise Einzelvertretung in der Satzung vorgesehen.

296 Die GmbH ist als juristische Person streng von ihren Gesellschaftern und Geschäftsführern zu unterscheiden. Wenn ein Geschäftsführer mit der GmbH ein Geschäft abschließt, handelt es sich um ein **In-Sich-Geschäft**, welches nach allgemeinen Regeln (§ 181 BGB) grundsätzlich verboten ist. Dies gilt sogar bei einer Einpersonen-GmbH (§ 35 Abs. 4 GmbHG). Auch insoweit wird man regelmäßig eine Befreiung im Gesellschaftsvertrag vereinbaren (s. im Musterprotokoll Satz 2 von Klausel 4).

297 Den Geschäftsführer trifft eine **Treupflicht** gegenüber der Gesellschaft. Insbes. wird regelmäßig ein Wettbewerbsverbot (s. Rn. 165 zu § 116 HGB) selbst dann bestehen, wenn dieses nicht ausdrücklich vereinbart ist.

298 Der Geschäftsführer ist nach dem Leitbild aber nicht nur der verlängerte Arm der Gesellschafter. Vielmehr erfüllt er auch Pflichten im **Interesse der Allgemeinheit** und der Gesellschaftsgläubiger. Hierzu gehören etwa die Buchführungspflicht (§ 41 GmbHG), die Führung der Gesellschafterliste (§ 40 GmbHG) oder die Pflicht zur Stellung eines Insolvenzantrags (§ 15a InsO). Dementsprechend kann Gesellschafter nur eine natürliche, unbeschränkt geschäftsfähige Person sein (im Allgemeinen können auch Minderjährige, § 165 BGB, und juristische Personen als Vertreter bestellt werden!), § 6 Abs. 3 GmbHG – darüber hinaus führen diverse Vorstrafen dazu, dass eine Person nicht mehr Geschäftsführer sein kann (§ 6 Abs. 2 GmbHG). Die drittgerichteten Pflichten des Geschäftsführers zeigen sich auch in den Auszahlungsverboten des § 64 GmbHG, der Haftung für verbotswidrige Ausschüttungen nach § 31 Abs. 6 GmbHG oder dem Verbot der Darlehensgewährung in § 43a GmbHG. Zudem droht einem Geschäftsführer sogar eine Strafbarkeit nach §§ 82, 84, 85 GmbHG sowie wegen Untreue (§ 266 StGB) oder Insolvenzdelikten (§§ 283-283d StGB) wenn er vorsätzlich seine Pflichten verletzt.

299 Die **Bestellung** der Geschäftsführer erfolgt unmittelbar in der Satzung (§ 6 Abs. 3 GmbHG, siehe auch das Musterprotokoll) oder durch einfachen Beschluss der Gesellschafterversammlung (§ 46 Nr. 5 GmbHG). Die Beurkundung eines eigenen Bestellungsbeschlusses begründet zusätzliche Notargebühren. Es gibt keine Höchstdauer der Bestellung (anders als für den AG-Vorstand, § 84 AktG, Rn. 340). Ein einmal bestellter Geschäftsführer kann jederzeit ohne Grund wieder abberufen werden (§ 38 Abs. 1 GmbHG). Die Satzung kann zwar hiervon abweichen, aber nicht die Abberufung aus wichtigem Grund ausschließen. Möglich ist spiegelbildlich dazu eine Amtsniederlegung durch den Geschäftsführer. Hierin zeigt sich die grundsätzlich enge Bindung der Geschäftsführer an das Vertrauen der Gesellschafter. Bestellung und Abberufung der Geschäftsführer sind in das Handelsregister einzutragen (§ 39 GmbHG), es greift der Rechtsschein des Registers nach § 15 HGB (Rn. 295).

300 Einen Anspruch auf Vergütung gewährt das GmbH-Gesetz den Geschäftsführern nicht. Grundlage hierfür ist vielmehr ein separates **Anstellungsverhältnis** (regelmäßig ein Geschäftsbesorgungsvertrag, §§ 675, 611 BGB). Dieses ist -unabhängig von der „Bestellung“ zum Geschäftsführer – es unterliegt insbes. separaten Kündigungsfristen und -gründen. Ein Geschäftsführer kann daher trotz fehlender Vertretungs- und Geschäftsführungsbefugnis weiterhin Anspruch auf Zahlung seines Gehalts haben.

→ Fall 20

301 **2. Gesamtheit der Gesellschafter (Gesellschafterversammlung), §§ 45 ff. GmbHG.** Die Gesamtheit der Gesellschafter bildet die Basis der GmbH – ihre Bedeutung ist sogar noch größer als diejenige der Hauptversammlung in der Aktiengesellschaft (unten Rn. 346). Eine nicht abschließende Auflistung ihrer Kompetenzen findet sich in § 46 GmbHG – diese kumuliert die Zuständigkeiten von Aufsichtsrat und Hauptversammlung in der AG (s. Rn. 341 ff.). Zu den nicht entziehbaren Kompetenzen gehören etwa die Änderung der Satzung (§ 53 GmbHG) oder die Auflösung der Gesellschaft (§ 60 Abs. 1 Nr. 2 GmbHG).

302 Normalerweise entscheiden die Gesellschafter in Gesellschafterversammlungen (§ 48 Abs. 1 GmbHG) durch Beschluss, zwingend ist dies aber nicht: § 48 Abs. 2 GmbHG lässt etwa ein Umlaufverfahren zu, denkbar sind auch elektronische Abstimmungsverfahren. Die Stimmen sind nicht nach Köpfen (wie in OHG und BGB-Gesellschaft, oben Rn. 154), sondern nach Betrag der Geschäftsanteilen gewichtet – grundsätzlich eine Stimme pro Euro (§ 47 Abs. 2 GmbHG). Eine Vertretung bei der Stimmabgabe durch Mitgesellschafter oder Dritte ist zulässig (§ 47 Abs. 3 GmbHG). Grundsätzlich gibt es keine Mindest-

präsenz – auch ein einzelner Gesellschafter, der mit nur einem Euro beteiligt ist, kann entscheiden, wenn die anderen, die zu 24.999 € beteiligt sind, nicht zur Versammlung erscheinen. Der Gesellschaftsvertrag kann dies jedoch abweichend regeln.

303 Anders als im Aktienrecht (unten Rn. 368) gibt es keine Regelungen zu fehlerhaften Beschlüssen. Verstößt ein Beschluss gegen das Gesetz oder die Satzung gilt folgende Unterscheidung:

304 • Bestimmte, besonders schwerwiegende Fehler führen automatisch zur Nichtigkeit des Beschlusses. Dies ist etwa der Fall, wenn die Gesellschafterversammlung von Personen einberufen wurde, die nicht dazu befugt waren oder der Beschluss gegen die guten Sitten verstößt (entsprechend § 241 AktG). Solche Fehler können von jedem, der ein rechtliches Interesse daran hat (§ 256 ZPO), im Wege der (Nichtigkeits-)Feststellungsklage geltend gemacht werden – also nicht nur von Gesellschaftern. Eine Frist besteht nicht, in Betracht kommt allenfalls eine Verwirkung nach den Grundsätzen von Treu und Glauben.

→ Entscheidungen 94, 95

305 • Bei allen anderen, weniger schwerwiegenden Fehlern ist ein durch einen Versammlungsleiter oder sonst formell festgestellter Beschluss zunächst wirksam und muss durch ein Gericht für unwirksam erklärt werden. Eine hiergegen statthafte „**Anfechtungsklage**“ kann von jedem Gesellschafter erhoben werden. Die starre Monatsfrist des § 246 Abs. 1 AktG findet keine Anwendung; soweit die Satzung keine Frist bestimmt, muss die Klage innerhalb eines angemessenen Zeitraums erhoben werden. Ebenso ist sicherlich kein „Widerspruch zur Niederschrift“ erforderlich, da auch keine notarielle Beurkundung erforderlich ist. Ein „Freigabeverfahren“ (§ 246a AktG) ist für die GmbH nicht möglich.

→ Entscheidungen 96, 97

305a • Wurde der Beschluss nicht festgestellt, kann seine Wirksamkeit gerichtlich im Wege der „**positiven Beschlussfeststellungsklage**“ geklärt werden. Dies ist stets erforderlich, soweit kein Verfahren zur internen Beschlussfeststellung vorgesehen ist. Aus diesem Grund wird in der Praxis ein Versammlungsleiter (etwa der Hausanwalt) benannt, der die Wirksamkeit von Beschlüssen feststellt.

IV. Stellung der Gesellschafter

Wer Gesellschafter ist, ergibt sich aus einer beim Handelsregister eingereichten und einsehbaren **Gesellschafterliste** (§ 40 GmbHG). Diese wirkt als unwiderlegbarer Beweis im Innenverhältnis, d. h. gegenüber der Gesellschaft – also etwa bei Stimmrecht (§ 47 GmbHG) oder Gewinnbeteiligung (§ 29 GmbHG). Streitig ist freilich, inwieweit dies auch zum Nachteil eines Gesellschafters gelten kann: Die Liste kann nur durch einen Notar oder den Geschäftsführer aktualisiert werden (ein Widerspruch nach Abs. 3 hat auf die interne Legitimation keine Auswirkung); weigert sich der Geschäftsführer, droht einem zu Unrecht Eingetragenen zumindest die Ausfallhaftung nach § 24 GmbHG bzw. § 31 Abs. 3 GmbHG (Rn. 287). Im Hinblick darauf ist die Norm teleologisch zu beschränken und sollte nur zu Gunsten der Gesellschafter angewandt werden. Im Außenverhältnis hat die Liste zunächst keine Wirkung; es wird auch niemand allein durch Eintragung in die Liste Gesellschafter. Aber nach § 16 Abs. 3 GmbHG kann sie Grundlage eines gutgläubigen Erwerbs von Geschäftsanteilen sein (s. Rn. 309). **306**

1. Erwerb und Verlust der Gesellschafterstellung. Die Berechtigung eines GmbH-Gesellschafters ergibt sich aus seinem „**Geschäftsanteil**". Alle Geschäftsanteile lauten auf einen bestimmten, glatten Eurobetrag (§ 5 Abs. 2 GmbHG), auf „Stücke" lautende Anteile (siehe unten Rn. 354 zu Stückaktien) gibt es nicht. Die Geschäftsanteile an einer GmbH sind frei veräußerlich und vererblich (§ 15 Abs. 1 GmbHG). **307**

Die Veräußerung eines Anteils erfolgt (wie allgemein im bürgerlichen Recht) durch zwei Rechtsgeschäfte – eine schuldrechtliche Verpflichtung (Kauf, Schenkung, etc.) und deren dingliche Erfüllung durch Abtretung (§§ 398, 413 BGB). Beide Geschäfte bedürfen der notariellen Beurkundung (§ 15 Abs. 3, Abs. 4 GmbHG). Die Satzung kann die Veräußerung der Anteile (nicht aber die Vererblichkeit) an die Genehmigung der Gesellschaft oder der übrigen Gesellschafter knüpfen („**Vinkulierung**", § 15 Abs. 5 GmbHG; siehe unten Rn. 361 zum Aktienrecht). Man kann insbes. die Lage im Personengesellschaftsrecht nachempfinden, indem man die Zustimmung aller Gesellschafter fordert. Bei der rechtsgeschäftlichen Übertragung ist ein Notar involviert, der die Gesellschafterliste (oben Rn. 306) berichtigt (§ 40 Abs. 2 GmbHG) – in den übrigen Fällen (Erbschaft, Umwandlungen im Sinne des UmwG, etc.) muss der Geschäftsführer die Liste aktualisieren (§ 40 Abs. 1 GmbHG). **308**

309 Zum Schutz des Erwerbers eines GmbH-Anteils ermöglicht § 16 Abs. 3 GmbHG einen gutgläubigen Erwerb auf Grundlage der Gesellschafterliste. Voraussetzung hierfür ist, dass der Veräußerer in der beim Handelsregister abrufbaren Gesellschafterliste zu Unrecht (!) eingetragen ist. Der Erwerber muss beweisen können, dass dies entweder seit 3 Jahren der Fall ist oder dem wahren Berechtigten zurechenbar ist. Dieser wahre Gesellschafter kann einen gutgläubigen Erwerb durch Zuordnung eines Widerspruchs zur Gesellschafterliste verhindern. Der Erwerber muss gutgläubig sein – d. h., er darf bei Abschluss des Abtretungsvertrags nicht gewusst haben oder auf Grundlage grober Fahrlässigkeit nicht gewusst haben, dass der Veräußerer nicht Gesellschafter ist.

Beispiel:
Laut Gesellschafterliste ist A seit zehn Jahren Gesellschafter der X-GmbH. Wenn A zu Recht eingetragen ist, kann B problemlos dessen Anteile übernehmen. Ist A zu Unrecht eingetragen, kommt es darauf an, seit wann er *nicht mehr* Gesellschafter ist (was man der Liste nicht entnehmen kann!). War er nie Gesellschafter oder hat er seine Stellung vor drei oder mehr Jahren verloren, kann B erwerben, soweit er gutgläubig ist. Hat A hingegen seine Gesellschafterstellung erst vor zwei oder weniger Jahren verloren, kann B nur erwerben, wenn es ihm gelingt nachzuweisen, dass die fehlende Eintragung dem wahren Berechtigten zurechenbar ist (etwa wenn dieser bewusst die Berichtigung der Liste verhindert hat).

310 Eine **fehlerhafte Übertragung** wird nur mit Wirkung für die Zukunft aufgehoben; auch die Anfechtung der Übertragung hat entgegen § 142 Abs. 1 BGB nur Wirkung für die Zukunft. Dies ist ein Anwendungsfall der Regeln der fehlerhaften Gesellschaft (oben Rn. 120).

→ Entscheidung 98

311 Den Übergang des Geschäftsanteils durch **Erbfall** kann der Gesellschaftsvertrag zwar nicht ausschließen. Es gilt (anders als im Personengesellschaftsrecht) keine Sondererbfolge. Möglich ist es jedoch, das Schicksal des Anteils nach dem Erbfall zu regeln – so ist eine Zwangsabtretung oder aber eine Einziehung (§ 34 GmbHG, gemeint ist die endgültige Aufhebung der Anteile) denkbar.

312 Die GmbH kann auch **eigene Anteile** erwerben, sofern die Einlage in voller Höhe geleistet ist und durch den Erwerb das Stammkapital nicht angegriffen wird (§ 33 GmbHG). Unzulässig ist nur, dass die GmbH dauerhaft alle Anteile an sich selbst erwirbt („*Keinmann-GmbH*“). Das Stimmrecht aus Anteilen, welche die Gesellschaft selbst hält, darf nicht ausgeübt werden. Von der Gesellschaft gehaltene Anteile dürfen an beliebige Personen veräußert werden, dies ist der wesentliche Unterschied zur Einziehung (§ 34 GmbHG), durch welche die Anteile als solche erlöschen.

313 Das GmbH-Gesetz enthält keine Regelungen zum **Austritt oder Ausschluss** von Gesellschaftern. Beides ist auch ohne Grundlage in der Satzung zulässig, soweit ein wichtiger Grund nachgewiesen wird (arg. ex § 314 BGB, § 737 BGB, § 140 HGB). Darüber hinaus kann die Satzung Gründe und Verfahren aber frei regeln. Unzulässig sind jedoch so genannte „Hinauskündigungsklauseln", durch die ein Gesellschafter ohne jeglichen Grund nach freiem Ermessen aus der Gesellschaft entfernt werden darf. Denn dadurch würde ein Gesellschafter stets unter dem „Damoklesschwert" des Hinauswurfs stehen und könnte seine Rechte nicht zweckgemäß ausüben. Nur vorübergehend und ausnahmsweise kann ein Ausschluss durch die Mehrheit auch ohne Gründe vorgesehen werden.

→ Entscheidungen: 99–104

314 Wie in der BGB-Gesellschaft gibt es grundsätzlich einen Anspruch auf eine **Abfindung** (§ 738 BGB, Rn. 189). Auch hier sind Klauseln problematisch, die die Höhe der Abfindung beschränken oder diese sogar ausschließen (oben Rn. 191). Darüber hinaus darf auch die Zahlung der Abfindung aus dem Gesellschaftsvermögen das Stammkapital nicht antasten (oben Rn. 282).

315 **2. Rechte der Gesellschafter.** Wie in allen Rechtsformen gehen mit der Stellung als Gesellschafter Vermögensrechte und (Mit-)Verwaltungsrechte einher. Dabei gilt wiederum der verbandsrechtliche Gleichbehandlungsgrundsatz (Rn. 91) – Differenzierungen müssen einen sachlichen Grund haben, sie dürfen nicht willkürlich erfolgen.

316 Wichtigstes **Vermögensrecht** ist der Anspruch auf einen Gewinnanteil (§ 29 GmbHG). Grundsätzlich wird der Gewinn nach den Geschäftsanteilen (und nicht wie in den Personengesellschaften nach Köpfen, oben Rn. 154) verteilt und kann in voller Höhe herausverlangt werden. Die Satzung kann in beiden Punkten Abweichendes bestimmen – das ist sinnvoll insbes. hinsichtlich der Ausschüttungshöhe: Würde jedes Jahr der komplette Gewinn ausgeschüttet, bestünde keine Grundlage für eine Expansion.

317 Zu den Mitverwaltungsrechten gehört demgegenüber zunächst das (unentziehbare!) **Informationsrecht** des § 51a GmbHG. Dieses geht sogar über die Rechte eines Kommanditisten hinaus – die Gesellschaft (vertreten durch ihre Ge-

schäftsführer) muss unverzüglich (d. h. ohne schuldhaftes Zögern, § 121 BGB) jedem Gesellschafter Auskunft über alle Angelegenheiten der Gesellschaft geben und darüber hinaus Einsicht in alle Geschäftsbücher gewähren. Anders als bei § 131 AktG (unten Rn. 367) ist insoweit keine Beschränkung auf bestimmte Inhalte vorgesehen; als „Angelegenheit der Gesellschaft“ ist jede Information erfasst, welche die Unternehmensleitung betrifft oder für Gewinnermittlung bzw. -verwendung relevant ist. Eine Auskunftsverweigerung ist zulässig, wenn die Gefahr besteht, dass der Gesellschafter die Information zu gesellschaftsfremden Zwecken nutzt und dadurch der Gesellschaft einen erheblichen Nachteil zufügt. Dann muss die Verweigerung von den übrigen Gesellschaftern beschlossen werden (§ 51a Abs. 2 GmbHG). Hiergegen kann sich der betroffene Gesellschafter mit einem gerichtlichen Informationserzwingungsverfahren wenden (§ 51b GmbHG).

318 Das zweite wesentliche Mitverwaltungsrecht ist das **Stimmrecht** (und das damit verbundene Teilnahmerecht an der Gesellschafterversammlung). Anders als das Informationsrecht kann das Stimmrecht für einzelne Geschäftsanteile (siehe unten Rn. 367 zu „Vorzugsaktien“ in der AG) ausgeschlossen werden (nicht jedoch für *alle* Gesellschafter), ebenso kann das Gewicht der Stimmen für jeden Geschäftsanteil verändert werden. Im Einzelfall kann sich ein Stimmrechtsausschluss aus § 47 Abs. 4 ergeben. Die dort genannten typischen Fälle einer Interessenkollision sind nicht abschließend, daneben besteht ein Stimmrechtsausschluss auch in vergleichbaren, nicht ausdrücklich genannten Fällen. Das Stimmrecht kann nicht getrennt von der Gesellschafterstellung übertragen werden („Abspaltungsverbot“/„Einheitlichkeit der Mitgliedschaft“). Zulässig sind jedoch „Stimmbindungsvereinbarungen“, durch welche ein Gesellschafter sich verpflichtet, das Stimmrecht in einer bestimmten Weise auszuüben.

319 Schließlich gibt es noch einige **Minderheitenrechte**. So gibt es etwa das Recht einer Minderheit, die Einberufung einer Gesellschafterversammlung zu verlangen (§ 50 Abs. 1 GmbHG) oder bestimmte Punkte zum Gegenstand der Beschlussfassung der Versammlung zu machen (§ 50 Abs. 2 GmbHG). In diesen Zusammenhang gehören auch das Recht, Beschlüsse der Gesellschafterversammlung gerichtlich überprüfen und ggf. für nichtig erklären zu lassen (oben Rn. 304 f.), sowie das Auskunftsrecht nach § 51a GmbHG (oben Rn. 317).

320 In personalistisch organisierten Gesellschaften ist darüber hinaus auch die Möglichkeit einer *„actio pro socio“* (**Gesellschafterklage**, oben Rn. 151) anerkannt – durch sie können die Gesellschafter im eigenen Namen eine Klage auf Leistung an die Gesellschaft erheben. Anders als in Personengesellschaften gilt dies aber nur im Verhältnis der Gesellschafter untereinander – ein Gesellschafter kann also nicht einen beliebigen Drittschuldner der Gesellschaft verklagen.

3. Pflichten der Gesellschafter. Die Gesellschafter sind primär zur Erbringung ihrer Stammeinlage verpflichtet (§ 19 Abs. 1 GmbHG, Rn. 276). Für diese Pflicht müssen auch alle Rechtsnachfolger des Gesellschafters (oben Rn. 287) einstehen (§ 16 Abs. 1 GmbHG). Neben dieser Hauptpflicht können in der Satzung **Nebenleistungspflichten** vereinbart werden, etwa eine Pflicht, als Geschäftsführer tätig zu werden **321**

Schließlich gilt die allgemeine gesellschaftsrechtliche **Treupflicht** auch in der GmbH. Diese betrifft nicht nur das Verhältnis zwischen den Gesellschaftern und der Gesellschaft, sondern auch die Beziehung der Gesellschafter untereinander. Hier zeigt sich die Vermischung der personengesellschaftsrechtlichen (oben Rn. 164) und der körperschaftsrechtlichen Aspekte der Treupflicht. So können auch die Gesellschafter einer GmbH verpflichtet sein, einer Änderung der Satzung oder der Abberufung eines Geschäftsführers aus wichtigem Grund zuzustimmen. Treupflichten werden umso stärker, je mehr die GmbH auf die Personen der Gesellschafter ausgerichtet ist („personalistische GmbH" im Gegensatz zur „kapitalistisch ausgestalteten GmbH"); so ist bei Gesellschaftern mit erheblichem Einfluss sogar an ein §§ 112 f. HGB ähnelndes Wettbewerbsverbot zu denken (s. Rn. 297 zum Wettbewerbsverbot der Geschäftsführer). Bei Verletzung der Treupflicht drohen Schadensersatzansprüche. **322**

→ Entscheidungen 105–110

6. Kapitel Die Aktiengesellschaft (AG) und Societas Europaea (SE)

323 Wie die GmbH ist auch die AG eine **Kapitalgesellschaft**, bei der die Aktionäre und der Vorstand regelmäßig nicht mit ihrem Privatvermögen haften. Steht diese Risikoentlastung der Gesellschafter bei der GmbH im Vordergrund, so treten demgegenüber bei der AG die Streuung von Risiken und die Bündelung von Ressourcen hinzu. Um der ihr zugedachten Kapitalsammelfunktion gerecht zu werden, können **nur** Gesellschaftsanteile von AG, Societas Europaea und KGaA (unten Rn. 392) an der Börse gehandelt werden, während bei der GmbH die Flexibilität bei der Satzungsgestaltung (oben Rn. 267) durch die Pflicht der notariellen Beurkundung jeder Anteilsübertragung (oben Rn. 308) erkauft wird.

324 Die AG ist wie die GmbH – unabhängig vom Zweck – stets Handelsgesellschaft (§ 6 Abs. 1 HGB, 3 Abs. 1 AktG; Art. 1 Abs. 1, 10 SE-VO s. auch oben Rn. 271). Damit wird deutlich, dass beide Organisationsformen grundsätzlich auf unternehmerische Tätigkeiten ausgelegt sind. Rein zahlenmäßig ist die AG eine eher seltene Rechtsform, insgesamt gibt es rund 15.000 derartige Gesellschaften, von denen knapp 1.000 börsennotiert sind. Wirtschaftlich ist die Bedeutung dieser Unternehmen hingegen enorm. Die deutsche AG ist ebenso wie die entsprechenden Rechtsformen in anderen EU-Mitgliedstaaten (z. B. die plc in Großbritannien) Gegenstand diverser Richtlinien der EU, u. a. über das Kapitalsystem (unten Rn. 326) oder Publizitätspflichten. Dies bedeutet, dass insbesondere Regelungen zur Finanzverfassung der deutschen AG entsprechend für Gesellschaften aus anderen EU-Staaten gelten.

325 Die „**Societas Europaea**" ist eine eigene europäische Rechtsform (wie die SCE, unten Rn. 391 und die EWIV, unten Rn. 378), deren Grundlagen die EU-VO 2157/2001 regelt. Diese wird ergänzt durch die Richtlinie 2001/86/EG, die Fragen der unternehmerischen Mitbestimmung (unten Rn. 435 ff.) regelt. Jeder Mitgliedstaat hat eigene Regelungen zur Umsetzung dieser Rechtsform getroffen (Art. 9 SE-VO), in Deutschland gilt das SE-Einführungsgesetz (SEEG). Darüber hinaus gilt in vielen, durch die Verordnung offengelassenen Fragen unmittelbar das Aktienrecht des Sitzstaates (also für eine deutsche SE das Recht der deutschen AG; deshalb kann sich etwa eine SE verschmelzen, obwohl sie nicht in § 3 UmwG genannt ist, Rn. 409). Soweit die Verordnung selbst ausdrücklich Fragen der Satzung überlässt, gehen dementsprechende Regelungen dem deutschen Recht vor.

In § 3 Abs. 2 AktG werden die **börsennotierten** Aktiengesellschaften besonders hervorgehoben. Insoweit wird eine Verknüpfung des Gesellschaftsrechts zum **Kapitalmarktrecht** geschaffen, also zu den Regeln des BörsG, des WpHG, des WpÜG, des WpPG, etc. Dabei geht es nicht um den Schutz von Gläubigern oder Minderheiten, sondern um die Schaffung eines fairen Marktes für die Anleger, insbes. durch Gewährleistung von Transparenz und das Verbot von Insiderhandel. An der Börse werden aber nicht nur Aktien, sondern auch andere Wertpapiere (z. B. Obligationen) gehandelt, die daher vom Kapitalmarktrecht erfasst sind. Im Aktienrecht selbst gibt es zahlreiche Sonderregelungen, etwa in § 121 Abs. 4a AktG (Zuleitung der Einberufung an „Medien"), § 123 Abs. 3 S. 2 AktG (Nachweis der -Beteiligung durch depotführendes Institut), in § 130 Abs. 1 S. 3 AktG (Privilegierung der nichtbörsennotierten Gesellschaften hinsichtlich der Beurkundung von Beschlüssen), § 134 Abs. 1 S. 2 AktG (Höchststimmrechte nur bei nicht börsennotierten Gesellschaften) oder in § 186 Abs. 3 S. 4 AktG (Börsenpreis als Bezugsfaktor beim Bezugsrechtsausschluss). Es ist zu beobachten, dass die Zahl dieser Sonderregelungen gerade aufgrund des Einflusses der auf einen europaweiten Kapitalmarkt gerichteten EU stetig wächst – so gelten die in den §§ 118 ff. AktG umgesetzten Regelungen der EU-Richtlinie 2007/36/EG zu Aktionärsrechten ausdrücklich nur für börsennotierte Gesellschaften, wobei der deutsche Gesetzgeber diese weitgehend für alle Gesellschaften übernommen hat. **326**

I. Entstehung

1. Aktiengesellschaft. Wie bei der GmbH kann eine Gründung auch durch einen einzelnen Gesellschafter erfolgen (oben Rn. 9) – allerdings werden mindestens vier Personen zur Besetzung der Organe benötigt (drei Personen für den Aufsichtsrat, unten Rn. 341, und einen davon verschiedenen für den Vorstand, unten Rn. 337). Der Inhalt der Satzung einer AG ist im Vergleich zur Satzung einer GmbH (oben Rn. 267) erheblich inflexibler, denn § 23 Abs. 5 AktG erklärt das Gesetz weitgehend für zwingend. Formal ist wie bei der GmbH notarielle Beurkundung erforderlich (§§ 23, 28 AktG). Der Mindestinhalt der Satzung ergibt sich aus § 23 Abs. 2 AktG (siehe oben Rn. 269 zum Mindestinhalt einer GmbH-Satzung). Alle Aktien müssen übernommen werden (§§ 2, 29 AktG), wodurch gleichzeitig eine Pflicht zur Zahlung der Einlagen begründet wird (§ 54 AktG). **327**

Damit die Gesellschaft überhaupt handeln kann, müssen die Gründer einen ersten **Aufsichtsrat bestellen** (§ 30 Abs. 1 AktG – in der GmbH hingegen direkt **328** die Geschäftsführer, oben Rn. 293 f.). Dieser bestellt dann den Vorstand (§ 30 Abs. 4 AktG).

329 Anders als in der GmbH ist eine **Gründungsprüfung** durch Vorstand und Aufsichtsrat als unabhängige Organe erforderlich (§§ 33–35 AktG); Grundlage hierfür ist ein schriftlicher Bericht der Gründer, d.h. der künftigen Aktionäre (§ 32 AktG). Im Regelfall wird darüber hinaus eine externe Prüfung durch unabhängige Sachverständige erforderlich sein (Ausnahmen siehe § 33 Abs. 2, § 33a AktG).

330 Die AG entsteht schließlich mit ihrer **Eintragung** im Handelsregister und deren Bekanntmachung (§§ 39, 40, 41 Abs. 1 S. 1 AktG, ebenso § 11 Abs. 1 GmbHG, oben Rn. 260); Grundlage hierfür ist eine Anmeldung durch Vorstand, Aufsichtsrat und Gründer (§§ 36 f. AktG). Das Gericht überprüft vor der Eintragung, ob die Vorschriften hinsichtlich Errichtung und Anmeldung eingehalten wurden (§ 38 AktG). Die Eintragung bewirkt, dass Gründungsmängel nur noch mit Wirkung für die Zukunft geltend gemacht werden können (§ 277 AktG; siehe oben Rn. 120 zur „fehlerhaften Gesellschaft") – insbes. durch Nichtigkeitsklage (§ 275 AktG).

331 Für Pflichtverletzungen im Gründungsverfahren **haften** die Gründer, etwaige Hintermänner, Vorstands- und Aufsichtsratmitglieder und externe Gründungsprüfer (§§ 46–51 AktG). Zudem droht eine Strafbarkeit nach § 399 AktG.

332 Wie bei der Gründung einer GmbH sind auch für die Entstehung einer AG mehrere Schritte erforderlich. Die Vorbereitungsphase endet, sobald alle Aktien übernommen sind (§ 29 AktG: die AG ist „**errichtet**"). Bis zu diesem Zeitpunkt besteht nur eine „**Vorgründungsgesellschaft**", für deren Verbindlichkeiten die Gesellschafter nach den Grundsätzen des Personengesellschaftsrechts haften (oben Rn. 262). Zu diesem Zeitpunkt begründete Verbindlichkeiten gehen weder auf die Vor-AG noch auf die spätere eingetragene AG über, sofern nicht ausdrücklich eine entsprechende Vereinbarung (§§ 414 f. BGB) getroffen wurde.

333 Auch die Aktiengesellschaft hat eine Vorgesellschaft („**Vor-AG**"), die sich bereits weitgehend nach Aktienrecht richtet (siehe oben Rn. 263 zur GmbH). Vermögensverluste zwischen Anmeldung und Eintragung stehen dabei der Eintragung der AG nicht entgegen. Insbes. haften die Gründer im Zeitraum zwischen (notarieller) Übernahme der Einlageverpflichtungen und Eintragung nicht mehr persönlich und gesamtschuldnerisch gegenüber den Gläubigern (wohl aber der „Handelnde", d. h. regelmäßig der Vorstand; vgl. § 41 Abs. 1 S. 2 AktG). Es besteht nur eine „Wiederauffüllungspflicht" (Verlustdeckungs-/Unterbilanzhaftung) derjenigen Gründer, welche dem vorzeitigen Geschäftsbeginn zugestimmt haben. Diese haften zudem nur anteilig und im Innenverhält-

nis. Eine Pflicht, für nicht erbrachte Anteile der anderen aufzukommen (analog § 24 GmbHG, oben Rn. 264) gibt es nicht. Allerdings ist die Auffüllung nicht nur auf das Grundkapital bezogen, sondern erstreckt sich auch auf eine möglicherweise darüber hinausgehende Gegenleistung (sog. „agio"), da dieses ebenfalls durch besondere Vorschriften zur Kapitalaufbringung (§ 36a AktG) und Kapitalerhaltung zugunsten der Gläubiger geschützt ist.

2. Societas Europaea. Eine SE kann anders als eine AG nicht „neu" gegründet **334**
werden, sie entsteht stets durch Umwandlungsvorgänge bzw. als Tochtergesellschaft einer bestehenden SE.

Ausgangspunkt ist die Verschmelzung (Art. 17 ff.SE-VO) zweier Aktiengesell- **335**
schaften aus verschiedenen Mitgliedstaaten. Daneben existieren die Möglichkeit zur Gründung einer Holdung-SE (Art. 32 ff. SE-VO), die Gründung einer Tochter-SE als Gemeinschaftsunternehmen von in verschiedenen Mitgliedstaaten ansässigen Unternehmen (Art. 35 f. SE-VO) sowie der Formwechsel einer bestehenden AG, die seit zwei Jahren mindestens eine Zweigniederlassung unterhält, die dem Recht eines anderen Staates unterliegt, in eine SE (Art. 37 SE-VO). Die praktisch einfachste Lösung ist schließlich die Gründung von Tochtergesellschaften einer SE (Art. 3 Abs. 2 SE-VO), was insbes. auch eine Vorratsgründung (oben Rn. 272) ermöglicht.

II. Organisation

Während die GmbH nur zwei zwingend vorgeschriebene Organe hat (oben **336**
Rn. 293), erfordert eine Aktiengesellschaft stets drei Organe: die Hauptversammlung (§§ 118–147 AktG), den Aufsichtsrat (§§ 95–116 AktG) und den Vorstand (§§ 76–94 AktG). Die gesetzlichen Organisationsregeln werden für börsennotierte Gesellschaften durch den „Deutschen Corporate Governance Kodex" ergänzt. Diese werden von einer aus Experten bestehenden Regierungskommission zusammengestellt, sind aber weder Gesetz noch Verordnung. Bedeutung erlangt dieser Kodex dadurch, dass Aktiengesellschaften, die von dessen Vorgaben abweichen, dies öffentlich erklären müssen („comply or explain", § 161 AktG). Sinn ist es, anerkannte Grundsätze guter Unternehmensführung zusammenzustellen, um so eine effiziente Leitung der bedeutsamen Gesellschaften zu gewährleisten. Für nicht börsennotierte Gesellschaften gilt der Kodex nicht, jedoch können dessen Vorgaben freiwillig als Orientierung verwendet werden. Der Kodex wird allerdings wegen seiner oft politisch geprägten

Vorgaben (etwa Altersgrenze für Aufsichtsratsmitglieder oder Pflicht zur angemessenen Beteiligung von Frauen im Aufsichtsrat) kritisiert. In der Gerichtspraxis wird zudem überlegt, inwieweit ein Verstoß gegen die Offenlegungspflicht im Hinblick auf Abweichungen Beschlüsse der Hauptversammlung, die einen Bezug zu diesen Pflichten haben, anfechtbar machen (Rn. 368 ff.).

337 **1. Vorstand.** Der Vorstand ist das Vertretungsorgan der AG. Seine Mitglieder werden vom Aufsichtsrat bestellt (§ 84 Abs. 1 AktG). Anders als die Geschäftsführer der GmbH (oben Rn. 294) ist er Weisungen nicht unterworfen (§ 76 Abs. 1 AktG), sofern nicht ausnahmsweise ein Beherrschungsvertrag besteht (unten Rn. 422) oder ein Fall der Eingliederung (§§ 319, 320 AktG, unten Rn. 424) vorliegt. Er führt die Geschäfte (§ 77 AktG) und vertritt die Gesellschaft (§ 78 AktG) in eigener Verantwortung. Seine Geschäftsführungsbefugnis ist durch den Gesellschaftszweck und den Unternehmensgegenstand begrenzt (§ 82 Abs. 2 AktG i. V. m. § 23 Abs. 3 Nr. 2 AktG), im Außenverhältnis ist die Vertretungsmacht jedoch wie bei der GmbH (Rn. 295) unbeschränkt (§ 82 Abs. 1 AktG). Wie in der GmbH (oben Rn. 295) gilt grundsätzlich Gesamtgeschäftsführung und Gesamtvertretung (§§ 77 Abs. 1, 78 Abs. 1 AktG), wovon die Satzung jedoch abweichen kann.

338 Im Verhältnis zur AG muss der Vorstand die Sorgfalt eines ordentlichen Geschäftsleiters beachten (§ 93 Abs. 1 S. 1 AktG; ebenso § 43 Abs. 1 GmbHG – oben Rn. 290). Bei Pflichtverletzungen müssen die Vorstandsmitglieder der Gesellschaft Schadensersatz leisten (§ 94 Abs. 2 S. 1 AktG; ebenso § 43 Abs. 2 GmbH – oben Rn. 290). Es genügt insoweit, wenn die AG den Eintritt des Schadens und seine Höhe nachweist und darlegt, welches hinreichend konkretisierte Tun bzw. Unterlassen diesen verursachte. Der Vorstand muss demgegenüber nicht nur fehlendes Verschulden nachweisen, sondern auch das Fehlen einer Pflichtverletzung (§ 93 Abs. 2 S. 2; ebenso in der GmbH – oben Rn. 290). In § 93 Abs. 3 AktG findet sich ein Katalog besonders gewichtiger Pflichtverletzungen. In diesen Fällen muss das in Anspruch genommene Vorstandsmitglied nachweisen, dass sein pflichtwidriges Verhalten zu keinem Schaden geführt hat. Gläubiger der Gesellschaft können in den Fällen des § 93 Abs. 3 AktG unmittelbar von einzelnen Vorstandsmitgliedern Ersatz verlangen, wenn von der Gesellschaft keine Befriedigung erlangt werden kann (§ 93 Abs. 5 AktG). Für andere Pflichtverletzungen muss hingegen eine „gröbliche" Verletzung der Pflichten nachgewiesen werden. Die Hauptversammlung kann mit einfacher Mehrheit ausdrücklich auf Ersatzansprüche zugunsten der Gesellschaft verzichten (§ 93 Abs. 4 AktG), was nur eine Minderheit von 10 % des Grundkapitals durch Erklärung eines Widerspruchs zur Niederschrift in der Hauptversammlung verhindern kann.

Zugunsten des Vorstands besteht für seine Tätigkeit jedoch eine erhebliche Einschätzungsprärogative. Da man geschäftliche Entscheidungen nach ihrer Durchführung immer anzweifeln kann, darf eine Pflichtwidrigkeit nur bejaht werden, wenn eine solche Entscheidung ohne sachliche Grundlage gefällt wurde. Das will die schwierig formulierte „**Business Judgment Rule**" des § 93 Abs. 1 S. 2 AktG zum Ausdruck bringen. Bei wirtschaftlichen Entscheidungen haftet der Vorstand, wenn er nachweislich nicht das Wohl der Gesellschaft (sondern insbes. ausschließlich sein eigenes) im Blick hatte, sich nicht hinreichend informiert oder die Entscheidung völlig willkürlich („unvernünftig") erscheint. Selbstverständlich greift die Regel nicht bei der Erfüllung von spezifisch genannten gesetzlichen Pflichten, etwa in § 93 Abs. 3 AktG. Aufgrund der hohen Haftungsrisiken wird in der Praxis eine Versicherung für derartige Schäden abgeschlossen („D&O-Versicherung"). **339**

Der Vorstand wird durch den Aufsichtsrat bestellt (§ 84 Abs. 1 AktG) – während in einer GmbH die Geschäftsführer grundsätzlich unmittelbar durch die Gesellschafter bestellt werden (oben Rn. 299). Ebenfalls anders als in der GmbH (§ 38 GmbHG) erfolgt die Bestellung grundsätzlich befristet auf höchstens fünf Jahre, innerhalb dieser Frist ist eine Abberufung hingegen nur aus wichtigem Grund möglich (§ 84 Abs. 4 AktG). Wie in der GmbH folgt u. a. ein Vergütungsanspruch nur aus dem vom Organverhältnis unabhängigen Anstellungsverhältnis, das ebenfalls der Aufsichtsrat als Vertreter der Gesellschaft mit den Vorstandsmitgliedern schließt (§§ 84 Abs. 1 S. 5, Abs. 3 S. 5 AktG, 112 AktG). In der Regel handelt es sich dabei um einen Geschäftsbesorgungsvertrag i. S. v. §§ 675, 611 BGB.Die Unwirksamkeit der Anstellung zieht die Bestellung nicht in Zweifel und umgekehrt. Die Vergütung der Vorstandsmitglieder ist relativ kompliziert geregelt: § 87 AktG benennt zunächst die wesentlichen Aspekte, die der Aufsichtsrat bei der Bestimmung der Vergütung berücksichtigen muss; die Hauptversammlung kann auf (freiwillige) Vorlage des Aufsichtsrates nach § 120 Abs. 4 AktG das Vergütungssystem billigen, ohne dass eine Ablehnung für den Aufsichtsrat verbindlich wäre. Eine weitergehende Regelung, nach welcher die Hauptversammlung jährlich verbindlich über die Vergütung beschließen sollte, ist allerdings geplant. Zudem sind die Vergütungen und das Vergütungssystem im Jahresabschluss offenzulegen (§§ 285 S. 1 Nr. 9 a), 289 Abs. 2 Nr. 5 HGB). Bei Festsetzung einer unangemessenen Vergütung haften die Aufsichtsratsmitglieder nach § 116 S. 3 AktG auf Schadensersatz. **340**

341 **2. Aufsichtsrat.** Wie der Name schon andeutet, ist primäre Pflicht des Aufsichtsrates die Überwachung der Geschäftsführung durch den Vorstand (§ 111 Abs. 1 AktG). Hierzu muss ihm der Vorstand Bericht erstatten (§ 90 AktG) und ihm Einsicht in alle Unterlagen und Daten der Gesellschaft ermöglichen (§ 111 Abs. 2 AktG). Insbesondere prüft der Aufsichtsrat den Jahresabschluss der AG (§ 171 AktG). Bei Verstoß gegen die Pflichten haftet die Aufsichtsratsmitglieder ähnlich wie die Vorstandsmitglieder auf Schadensersatz (§ 116 AktG).

342 Der Aufsichtsrat hat selbst hingegen grundsätzlich **keine Geschäftsführungsbefugnis** (§ 111 Abs. 4 S. 1 AktG); vertretungsbefugt ist er nur gegenüber dem Vorstand (§ 112 AktG) und gemeinsam mit dem Vorstand im Rahmen der Anfechtungsklage (§ 246 Abs. 2 S. 2 AktG). Die Satzung oder der Aufsichtsrat selbst können aber Zustimmungsvorbehalte zu einzelnen Geschäftsführungsmaßnahmen des Vorstands schaffen (§ 111 Abs. 4 S. 2 AktG). Allerdings zwingt auch die Erteilung einer (vorherigen) Einwilligung den Vorstand nicht zu handeln: Der Aufsichtsrat kann nur ein Tätigwerden *verhindern*, nicht hingegen ein solches *erzwingen*. Verweigert der Aufsichtsrat seine Zustimmung, kann der Vorstand eine Hauptversammlung einberufen, um die Ablehnung einer Zustimmung durch den Aufsichtsrat überprüfen zu lassen. Diese kann mit einer (nicht satzungsdispositiven) Mehrheit von 75 % der abgegebenen Stimmen ihrerseits die Zustimmung erteilen. Im Außenverhältnis haben Zustimmungsvorbehalte keine Wirkung – gegenüber Dritten ist die Vertretungsmacht des Vorstands unbeschränkbar (§ 82 AktG).

→ Entscheidung 111

343 Die Macht des Aufsichtsrates gegenüber dem Vorstand ergibt sich vor allem daraus, dass er für dessen Bestellung und Abberufung aus wichtigem Grund zuständig ist (**Personalkompetenz**, oben Rn. 340) und im Namen der Gesellschaft Schadensersatzansprüche gegen ihn geltend macht. Die Möglichkeit zur Durchsetzung solcher Ersatzansprüche durch eine Aktionärsminderheit (§§ 147, 148 AktG) besteht nur ausnahmsweise. Zudem muss der Aufsichtsrat eine Hauptversammlung einberufen, wenn das Wohl der Gesellschaft dies erfordert (§ 111 Abs. 3 AktG).

→ Entscheidung 112

344 Der Aufsichtsrat muss mindestens **drei Mitglieder** und darf höchstens 21 Mitglieder haben (§ 95 AktG). Die Aufsichtsratsmitglieder werden grundsätzlich von der Hauptversammlung gewählt (§§ 101, 119 Abs. 1 Nr. 1 AktG) und mit ¾-Mehrheit abberufen (§ 103 Abs. 1 AktG), allerdings kann sich etwas anderes aus den Regeln der unternehmerischen Mitbestimmung ergeben (Rn. 344 f.). Wie

Vorstandsmitglieder (Rn. 340) werden auch Aufsichtsratsmitglieder grundsätzlich für eine Amtsperiode bestellt (§ 102 AktG), die maximal vier Jahre betragen darf. Eine Abberufung aus wichtigem Grund kann nur durch das Gericht erfolgen (§ 103 Abs. 3 AktG). Intern entscheidet er durch Beschluss (§ 108 Abs. 1 AktG). Er muss einen Vorsitzenden haben (§ 107 Abs. 1 S. 1 AktG), dem bestimmte Aufgaben zugewiesen werden (§§ 90 Abs. 1 S. 2, 184 Abs. 1, 223 AktG). Regelmäßig leitet der Aufsichtsratsvorsitzende auch die Hauptversammlung; Grundlage hierfür ist entweder die Satzung oder eine Geschäftsordnung.

In §§ 100, 105 AktG werden gewisse **persönliche Anforderungen** an die einzel- **345**
nen Mitglieder statuiert. Aufsichtsratsmitglieder müssen voll geschäftsfähige natürliche Personen sein (§ 100 Abs. 1 AktG). Mindestens ein Aufsichtsratsmitglied muss unabhängig sein und Sachverstand im Hinblick auf Rechnungslegung und Abschlussprüfung aufweisen (§ 100 Abs. 5 AktG). Eine Person kann nicht gleichzeitig Vorstands- und Aufsichtsratsmitglied sein (Inkompatibilität, § 105 Abs. 1 AktG). Weitere Ausschlussgründe statuiert § 100 Abs. 2 AktG, wonach bestimmte personelle Verflechtungen ausgeschlossen sind und die Höchstzahl der Aufsichtsratsmandate auf zehn begrenzt wird.

3. Hauptversammlung. Die Aktionäre sind für die Ausübung ihrer Rechte auf **346**
die Hauptversammlung beschränkt (§ 118 Abs. 1 AktG). Dabei ist eine physische Versammlung an einem Ort unverzichtbar, der einzelne Aktionär kann aber (wenn die konkrete AG dies zulässt) per Briefwahl vorab abstimmen (§ 118 Abs. 2 AktG) oder per Internet teilnehmen (§ 118 Abs. 1 S. 2 AktG). Praktisch üblich ist aber vor allem die Vertretung (Rn. 366) durch eine Aktionärsvereinigung, eine Bank (§ 135 AktG) oder auch einen privat bestimmten Vertreter (§ 134 AktG). Diesem können auch Weisungen per Internet erteilt werden; große Gesellschaften bieten hierzu sogar einen von der Gesellschaft bestellten Vertreter an, dem online Weisungen erteilt werden können. Obwohl ein Vertreter nach § 164 BGB eigentlich eine eigene Erklärung abgibt, hat ein solcher gesellschaftseigener Vertreter eine „gebundene Marschroute" und ist an die Weisungen des Aktionärs gebunden, um Interessenkollisionen zu vermeiden.

→ Entscheidungen 113–115

Allgemeine Kompetenzen der Hauptversammlung sind die Bestellung von **347**
Aufsichtsratsmitgliedern (§ 119 Abs. 1 Nr. 1 AktG, oben Rn. 344), Abschlussprüfer (§ 119 Abs. 1 Nr. 4) und Sonderprüfer (§§ 119 Abs. 1 Nr. 7, 142 ff. AktG), die Beschlussfassung über die Verwendung des Bilanzgewinns (§ 119 Abs. 1 Nr. 2 AktG) und die Entlastung der Organmitglieder. Die Entlastung stellt eine Billigung der Verwaltungstätigkeit dar (§ 120 Abs. 2 AktG), entfaltet aber sonst

keine rechtlichen Wirkungen, insbesondere schließt sie nicht die Haftung der Organmitglieder aus (zum Verzicht siehe Rn. 338).

→ Entscheidungen 116–117

348 Die Hauptversammlung ist schließlich für **Grundlagengeschäfte** zuständig – insbes. Satzungsänderungen (§ 119 Abs. 1 Nr. 5), Änderungen des Kapitals (§ 119 Abs. 1 Nr. 6), Umwandlungsvorgänge (§§ 13, 36, 60 ff., 125, 193, 232 ff. UmwG, unten Rn. 404 ff.) oder Abschluss und Aufhebung von Unternehmensverträgen (§§ 291, 292 AktG unten Rn. 422). Die Hauptversammlung darf hingegen grundsätzlich (anders als die Gesellschafterversammlung einer GmbH) nicht über allgemeine Geschäftsführungsfragen entscheiden (§ 119 Abs. 2 AktG). Ausnahmsweise muss der Vorstand aber eine Hauptversammlungsentscheidung einberufen, wenn eine Maßnahme „grundlegend" in die wirtschaftliche Substanz der Mitgliedschaft eingreift. Bejaht wurde dies etwa bei der Ausgliederung des wertvollsten Unternehmensteils auf eine Tochtergesellschaft; diese ist aber heute spezialgesetzlich im UmwG (Rn. 415) geregelt. Demgegenüber genügt nicht der Rückzug von der Börse.

→ Fall 21

349 Der Ablauf der Hauptversammlung ist sehr streng formalisiert – angefangen mit den Vorschriften zu deren Einberufung (§§ 121 ff.), über die Ausübung des Stimmrechts und die Erteilung von Stimmrechtsvollmachten (§§ 134 ff. AktG) bis hin zur nachträglichen Kontrolle der Beschlüsse (§§ 241 ff. AktG). Aufgrund der Satzungsstrenge muss das Gesetz an einigen Stellen ausdrücklich Raum für eigene Gestaltungen eröffnen, etwa für Teilnahme per Internet (§ 118 Abs. 1 AktG), für den Ort der Hauptversammlung (§ 121 Abs. 5 AktG) oder für Anmeldung und Berechtigungsnachweis (§ 123 AktG). Beschlüsse bedürfen grundsätzlich nur der einfachen Mehrheit der anwesenden Aktionäre, wegen der geringen Präsenz bei börsennotierten Gesellschaften kann hierfür schon eine Beteiligung von 30 % oder 40 % genügen. Nur Satzungsänderungen und andere grundlegende Geschäfte, etwa der Abschluss von Unternehmensverträgen (§ 293 Abs. 1 AktG, Rn. 422), bedürfen einer Mehrheit von 75 % der Anwesenden.

→ Fall 22

350 4. **Societas Europaea.** Für die SE existieren wahlweise zwei Organisationsmodelle (Art. 38 lit. B SE-VO): Im „dualistischen System" hat die Gesellschaft wie eine deutsche AG zwei getrennte Exekutivorgane (Vorstand und Aufsichtsrat, Art. 39 ff. SE-VO). Im monistischen System steht der Hauptversammlung hingegen nur ein einheitliches Verwaltungsorgan („Verwaltungsrat") gegenüber (Art. 43 ff. SE-VO), womit die SE strukturell der britischen plc ähnelt (aber auch der deutschen GmbH – wenngleich es insbes. kein Weisungsrecht der Gesellschafter gibt).

Innerhalb des Verwaltungsrats können „geschäftsführende Direktoren" („officers") benannt werden (Art. 43 Abs. 1 S. 2 SE-VO, § 40 SEAG), die gleichzeitig Verwaltungsratsmitglieder sein dürfen, solange die Mehrheit der Verwaltungsratsmitglieder nicht zur Geschäftsführung berufen ist. Aufgabe dieser „geschäftsführenden Direktoren" ist die Führung der laufenden Geschäfte (§ 40 Abs. 2 S. 1 SEAG). Ausgenommen ist dabei jedoch die Leitung des Unternehmens als solche, die dem Verwaltungsrat überlassen bleibt – insofern sind die „geschäftsführenden Direktoren" dem Verwaltungsrat untergeordnet und an dessen Weisungen gebunden (§ 44 Abs. 2 SEAG). **351**

III. Finanzierung

Die Aktionäre haften nicht gegenüber den Gläubigern, dies stellt § 1 Abs. 1 S. 2 AktG (vgl. auch Art. 1 Abs. 2, 3 SE-VO) ausdrücklich fest. **352**

Wie die GmbH (oben Rn. 274) sind Aktiengesellschaft und SE Kapitalgesellschaften – es besteht also ein Mindestkapital, dessen tatsächliche und werthaltige Aufbringung durch bestimmte Regelungen sichergestellt wird. Dieses „Grundkapital" (§ 6 AktG, nicht wie bei der GmbH „Stammkapital") wird als „gezeichnetes Kapital" (§§ 272 Abs. 1 HGB, 266 Abs. 3 A I HGB) auf der Passivseite der Bilanz geführt. Es ist die Untergrenze des den Gläubigern als Haftungsmasse zur Verfügung stehenden Gesellschaftsvermögens. Seine Mindesthöhe beträgt 50.000 € (§ 7 AktG; GmbH: 25.000 €, oben Rn. 275; UG (haftungsbeschränkt): 1 €, oben Rn. 275), bei der SE sogar 120.000 € (Art. 4 Abs. 2 SE-VO). Der Betrag von 50.000 € sowie die wichtigsten Grundsätze der Kapitalaufbringung und -erhaltung sind EU-weit durch die EU-Kapitalrichtlinie vereinheitlicht – gelten also z. B. auch für die britische plc. **353**

Das Grundkapital der AG muss auf einen vollen Eurobetrag lauten (§ 6 AktG). Die Anteile können dabei entweder als „**Nennbetragsaktien**" oder als „**Stückaktien**" ausgestaltet sein. Im ersteren Fall wird die Aktie durch einen bestimmten Euro-Betrag im Verhältnis zum jeweiligen Grundkapital gekennzeichnet (z. B. also „5 €", § 8 Abs. 2 AktG – also wie bei GmbH-Geschäftsanteilen, oben Rn. 276), im letzteren Fall wird sie nicht durch einen festen Betrag, sondern einen dynamischen Anteil am Kapital bestimmt („1 Stück", § 8 Abs. 3 AktG). Der Nennwert der einzelnen Aktie lässt sich rechnerisch ermitteln, indem man **354** das Grundkapital durch die Zahl der Stücke teilt. In beiden Fällen ist die Untergrenze (wie in der GmbH, oben Rn. 276) 1 €. Während Nennbetragsaktien auf ein Vielfaches von einem Euro lauten müssen, können Stückaktien (rechnerisch!) zu krummen Beträgen führen. Die Gesellschaft muss sich für eine der beiden Varianten entscheiden, regelmäßig werden die flexibleren Stückaktien gewählt. Zu beachten ist, dass der „Nennwert" nichts mit dem „Kurswert" oder dem „Verkaufswert" zu tun hat – so werden Aktien mit einem (rechnerischen oder tatsächlichen) Nennwert von 1 € für 50 € oder mehr gehandelt. Beim Nennwert geht es nur um eine „Rechengröße" für die Ermittlung der Beteiligungsrechte (z. B. für die Gewinnverteilung, unten Rn. 356). Selbst bei der ersten Ausgabe neuer Aktien kann die Gesellschaft eine höhere Leistung als den Nennwert verlangen. Das über den Nennwert liegende sog. *„agio"* (Aufgeld) ist dann ebenfalls nach den Regeln der Kapitalaufbringung zu leisten und unterliegt den Ausschüttungsbeschränkungen der Kapitalerhaltung.

355 Die Kapitalerhaltung in der AG wird primär durch § 57 AktG gewährleistet. Danach dürfen die Einlagen nicht zurückgewährt werden (Abs. 1) und es ist darüber hinaus unzulässig, mehr als den Bilanzgewinn auszuschütten (Abs. 2).

356 Der Ausschüttungsschutz in der AG ist weitergehend als in der GmbH: Während dort *nur* das Stammkapital als Ausschüttungssperre wirkt, ist die Ausschüttung in der AG durch das Grundkapital *und* (zusätzlich) durch zwingende gesetzliche Rücklagen (§ 150 AktG, § 272 Abs. 2 HGB) begrenzt. Darüber hinaus darf eine Gewinnausschüttung in der AG erst nach Feststellung des Jahresabschlusses erfolgen und dann auch nur in Höhe des Jahresbilanzgewinns (§§ 57 Abs. 3, 58 AktG); in der GmbH besteht eine vergleichbare Beschränkung nicht. Die Kapitalerhaltung durch Begrenzung von Ausschüttungen wird dadurch ergänzt, dass es der AG grundsätzlich verboten ist, eigene Aktien zu erwerben (§§ 71–71e AktG) – insoweit anders als in der GmbH (§ 33 GmbHG, oben Rn. 282).

357 Vorstand und Aufsichtsrat können die Hälfte des nach Abzug aller Kosten verbleibenden Jahresüberschusses in eine Rücklage einstellen (§ 58 Abs. 2 AktG), sie müssen (!) 5 % des Jahresgewinns in eine **gesetzliche Rücklage** einstellen, soweit die gesetzliche Rücklage nicht bereits 10 % des Grundkapitals erreicht hat. Dieses Ansparungsmodell ähnelt in gewisser Weise der UG (haftungsbeschränkt), anders als dort gibt es hier aber eine Deckelung (Rn. 284 ff.). Inwieweit der verbleibende Betrag ausgeschüttet wird, entscheidet die Hauptversammlung (§§ 58 Abs. 3, 254 AktG). Erfolgt eine Ausschüttung, bestimmt sich der Anteil des einzelnen Aktionärs wie in der GmbH (§ 29 Abs. 3 GmbHG) nach seiner Beteiligung am Grundkapital (§ 60 Abs. 1 AktG) – anders als in der BGB-

Gesellschaft (§ 722 BGB), wo die Gewinne in Ermangelung einer vertraglichen Regelung nach Köpfen verteilt werden (Rn. 154).

Die Einlagen der Gesellschafter müssen **zur freien Verfügung** des Vorstands eingezahlt werden (§ 36 Abs. 2 AktG; siehe Rn. 276 zur GmbH) – allerdings genügt eine Einzahlung von einem Viertel des Ausgabebetrags (§ 36a Abs. 1 AktG), der sich aus dem Nennwert und einem frei zu bestimmenden Zusatzbetrag („*agio*" = Aufgeld) zusammensetzt (§ 9 Abs. 1 AktG). Eine Haftung eines Aktionärs für die von einem Mitaktionär nicht erbrachte Einlage (wie in § 24 GmbHG, oben Rn. 287) gibt es nicht. Ebenso gibt es keine Ausfallhaftung der Mitaktionäre bei Auszahlungen, die gegen den Grundsatz der Kapitalerhaltung verstoßen (wie in § 31 Abs. 3 GmbHG). Die Ansprüche richten sich daher nur gegen den bösgläubigen (!) Empfänger der verbotswidrigen Leistung (§ 62 AktG) und gegen die beteiligten Vorstandsmitglieder (§ 93 Abs. 3 AktG, Rn. 338). **358**

Die Vorschriften zur Einlageerbringung werden durch die Regelung des § 52 Abs. 1 AktG zur „**Nachgründung**" ergänzt. Diese Vorschrift ist eine sehr weitreichende Konstruktion zur Verhinderung „verdeckter Sacheinlagen" i. S. v. § 19 Abs. 4 GmbHG (entsprechend § 27 Abs. 3 AktG, siehe oben Rn. 279): Alle Geschäfte mit Gründern oder mit Aktionären, die mit 10 % oder mehr am Grundkapital beteiligt sind, bedürfen, soweit sie in den ersten beiden Jahren nach der Gründung abgeschlossen werden, (mindestens) der Schriftform, der Zustimmung der Hauptversammlung mit ¾ des anwesenden Kapitals und der Eintragung im Handelsregister. Es hat darüber hinaus eine externe Prüfung stattzufinden (oben Rn. 329) und der Aufsichtsrat muss den Vertrag prüfen und hierüber Bericht erstatten. Ausgenommen sind nur Geschäfte, die Gegenstände im Wert von 10 % Grundkapitals nicht übersteigen oder „laufende Geschäfte", Zwangsvollstreckung und Börsenhandel. Die Einhaltung des Verfahrens wird durch das Registergericht geprüft, ohne Eintragung sind die Verträge unwirksam. **359**

Eine **Kapitalerhöhung** ist in der Aktiengesellschaft wie in der GmbH eine Satzungsänderung, die eine 75 %-Mehrheit in der Hauptversammlung erfordert (§ 182 AktG). Zum Schutz der Minderheitsaktionäre vor Verwässerung ihrer Beteiligung sieht § 186 AktG ein verhältniswahrendes Bezugsrecht bei jeder Kapitalerhöhung vor. Dieses kann allerdings mit einer Mehrheit von 75 % der anwesenden Aktionäre auch gegen den Willen der Minderheit ausgeschlossen werden; dann dürfen die Aktien beliebigen Personen angeboten werden. Der Beschluss muss vor der Hauptversammlung angekündigt werden und bedarf eines besonders begründeten Berichts (§ 186 Abs. 3, 4 AktG). Von praktisch besonderer Bedeutung ist das sog. „genehmigte Kapital" (§§ 202–206 AktG, zu **360**

§ 55a GmbHG oben Rn. 286). Dadurch wird der Vorstand für einen Zeitraum von maximal fünf Jahren ermächtigt, das Kapital ohne erneute Einberufung einer Hauptversammlung auf einen Betrag, der 150 % des derzeitigen Grundkapitals nicht überschreiten darf, zu erhöhen.

IV. Stellung der Gesellschafter

361 1. **„Aktien"; Erwerb und Verlust der Aktionärsstellung.** Der Begriff „Aktie" hat im Aktienrecht mehrere Bedeutungen – es geht nicht nur um einen Anteil am Grundkapital (§ 1 Abs. 2 AktG, oben Rn. 353) oder eine Urkunde (z. B. § 41 Abs. 4 AktG), sondern auch um die Gesamtheit aller Rechte und Pflichten des Aktionärs (z. B. §§ 11, 12 Abs. 1, 56 Abs. 3 S. 3, 64 Abs. 3 AktG), seine „Mitgliedschaft" (oben Rn. 83). Aktionäre können ihre Beteiligung bei Gründung (§§ 2, 29 AktG) oder Kapitalerhöhung (§ 182 ff. AktG) durch „Zeichnung" von Aktien originär erwerben. Darüber hinaus besteht die Möglichkeit des derivativen Erwerbs von einem früheren Gesellschafter. Bei börsennotierten Gesellschaften ist die Ausgabe neuer Aktien über die Börse stets mit der aufwendigen Erstellung eines Verkaufsprospekts nach dem WpPG verbunden („Primärmarkt"). Für den Handel mit bereits bestehenden Aktien („Sekundärmarkt") trifft die AG hingegen grundsätzlich keine Verantwortung, sie ist nur zur Verhinderung von Insiderhandel und Marktmanipulation nach dem WpHG verpflichtet; hierzu gehört auch die Pflicht, kursrelevante Tatsachen als „ad hoc-Mitteilungen" zu publizieren. Soweit ein Aktionär bei einer börsennotierten Gesellschaft allerdings durch einen Erwerbsvorgang erstmalig mehr als 30 % der Anteile hält („Kontrollerwerb", § 29 Abs. 2 WpÜG), *muss* er nach § 35 WpÜG ein Übernahmeangebot auf die Gesamtheit der Aktien abgeben, wozu spiegelbildlich zum Verkaufsprospekt eine Angebotsunterlage zu erstellen ist.

361a Das Gesetz unterscheidet hinsichtlich des Nachweises zwischen „Inhaberaktien" und „Namensaktien" (§§ 10, 23 Abs. 3 Nr. 5 AktG). Im ersten Fall kann ein Aktionär seine Berechtigung durch Vorlage einer Aktienurkunde oder durch Bestätigung einer vertrauenswürdigen Stelle (insbes. einer Bank, § 123 Abs. 2 AktG) nachweisen. Letzteres ist vor allem dann erforderlich, wenn die Satzung die Erteilung von Einzelurkunden ausgeschlossen hat (§ 10 Abs. 5 AktG) und der Aktionär nur an einer „**Globalurkunde**" mitberechtigt ist, die zentral für alle Beteiligten verwahrt wird (§§ 2 ff., 9a DepotG). Nur Namensaktien erlauben es, dass Anteile nicht voll einbezahlt werden (wie bei der GmbH, oben Rn. 307 f.)

und dass die Übertragung an die Zustimmung der Gesellschaft gekoppelt wird (ebenfalls nach Vorbild des GmbHG, oben Rn. 308).

Die Übertragung der Aktionärsstellung erfolgt bei **Namensaktien** (§§ 10, 67 AktG) grundsätzlich nach §§ 398, 413 BGB – soweit eine Einzelurkunde existiert (§ 10 Abs. 5 AktG), gilt § 952 BGB (*„das Recht am Papier folgt dem Recht aus dem Papier“*). Die Namensaktie ist dabei kein „Namenspapier“ sondern ein „Orderpapier“ – sie wird durch sog. Indossament übertragen (§ 68 AktG). Die Eintragung im vom Vorstand der Gesellschaft geführten „Aktienregister“ macht eine Person nicht zum Aktionär. Sie hat wie die Eintragung in die Gesellschafterliste einer GmbH (oben Rn. 306, 309) nur eine (unwiderlegbare) Vermutung im Innenverhältnis zur Gesellschaft zur Folge (§ 67 Abs. 2 AktG). Ein gutgläubiger Erwerb aufgrund des Aktienregisters ist anders als in § 16 Abs. 3 GmbHG (Rn. 309) für die AG nicht vorgesehen. **362**

Demgegenüber werden **Inhaberaktien** (§§ 10, 24 AktG) nach §§ 929 ff. BGB übertragen. Dabei gilt genau die Umkehrung des § 952 BGB: *Das Recht aus dem Papier folgt dem (Eigentums- oder Sicherungs-)Recht am Papier.* Bei der heute üblichen Globalurkunde bzw. der Girosammelverwahrung ist die rechtliche Konstruktion dieses Eigentumserwerbs aber nicht ganz problemlos: Die Aktien befinden sich in einem Depot, über einzelne Stücke wird gerade nicht verfügt (§§ 18, 24 Abs. 1 DepotG). Im Ergebnis ist dabei ein gutgläubiger Erwerb von Aktien nach den §§ 932 ff. BGB möglich – was bei Namensaktien (anders als bei GmbH-Geschäftsanteilen, oben Rn. 309) nicht möglich ist. Der Gesetzgeber hat in § 10 AktG allerdings die Ausgabe von Inhaberaktien beschränkt: Neu gegründete Aktiengesellschaften dürfen Inhaberaktien nur nutzen, wenn sie bei einer Bank hinterlegt werden. Dadurch soll Geldwäsche durch echte Anonymität von Aktien vermieden werden. **363**

Anders als die Gesellschafter einer Personengesellschaft (oben Rn. 178 ff.) oder einer GmbH (oben Rn. 313) haben Aktionäre keine Möglichkeit, die Gesellschaft durch Austritt wieder zu verlassen. Sie sind darauf angewiesen, einen Käufer für ihre Aktien zu finden. Ausdrücklich verbieten § 57 Abs. 1 AktG die Rückgewähr der Einlage und §§ 71–71e AktG (mit gewissen Ausnahmen) den Erwerb eigener Aktien durch die AG. Möglich sind die Abwicklung der AG (§§ 273 ff. AktG), eine Einziehung der Aktien bei Kapitalherabsetzung (§§ 237 ff. AktG) sowie die Zahlung einer Abfindung beim erzwungenen *„Squeeze-out“*, §§ 327a ff. AktG. **364**

2. Mitverwaltungsrechte. Wichtigstes Mitverwaltungsrecht des Aktionärs ist sein Stimmrecht auf der Hauptversammlung (§§ 133 ff. AktG). Dieses wird not- **365**

wendig ergänzt durch das Recht zur Teilnahme an der Hauptversammlung (§ 118 Abs. 1 AktG), das Auskunfts- und Rederecht (§§ 131 f. AktG), das Anfechtungsrecht (§§ 241 Nr. 5, 243 ff. AktG) und gewisse Minderheitsrechte (§§ 122, 148 AktG). Diese Rechte sind unentziehbar. Ausnahmsweise sind aber Einschränkungen im Einzelfall möglich, soweit ansonsten der ordnungsgemäße Ablauf der Hauptversammlung gefährdet ist.

366 Das Stimmrecht des Aktionärs richtet sich grundsätzlich nach dem Nennbetrag seiner Aktien oder (bei Stückaktien, oben Rn. 354) nach der Zahl der Stücke (§§ 12 Abs. 1 S. 1, 134 Abs. 1 S. 1 AktG). Zulässig ist es aber auch, Aktien auszugeben, die kein Stimmrecht, dafür aber einen „Vorzug" bei der Gewinnverteilung gewähren (§§ 12 Abs. 1 S. 2, 139 ff. AktG). **Nur für nicht börsennotierte Gesellschaften** ist es möglich, die einem Aktionär zustehenden Stimmen zahlenmäßig zu begrenzen („**Höchststimmrecht**", § 134 Abs. 1 S. 2 AktG). Das Stimmrecht muss nicht persönlich ausgeübt werden. Zulässig ist die Erteilung einer Stimmrechtsvollmacht an eine beliebige Person (§ 134 Abs. 3 AktG), darüber hinaus kann ein Dritter ermächtigt werden, für fremde Aktien im eigenen Namen abzustimmen (§ 129 Abs. 3 AktG). Kreditinstitute und Aktionärsvereinigungen können darüber hinaus das Stimmrecht „für den, den es angeht", ausüben (§ 135 Abs. 4 S. 2, Abs. 9 AktG).

367 Das Auskunftsrecht (§ 131 AktG) steht allen Aktionären zu, also auch denjenigen, deren Aktien kein Stimmrecht gewähren. Anders als in der GmbH (oben Rn. 317) und den Personengesellschaften (oben Rn. 153) beschränken sich die **Informationsrechte** des Aktionärs auf die Hauptversammlung und auf Fragen, die dort behandelt werden (siehe aber zur zwangsweisen Durchsetzung § 132 AktG). Ein Einsichtsrecht in Unterlagen (über die ihm zugänglich gemachten Jahresabschlüsse, Berichte bei Kapitalmaßnahmen, etc.) hat der Aktionär nicht, vielmehr werden die Kontrollbefugnisse durch den Aufsichtsrat wahrgenommen (Rn. 341).

368 Besondere Bedeutung hat daneben das Recht erlangt, die Aufhebung von Beschlüssen im Wege der **Anfechtungsklage** zu erreichen bzw. die bereits kraft Gesetzes bestehende Unwirksamkeit von Beschlüssen durch **Nichtigkeitsklage** feststellen zu lassen. Für Aufsichtsratswahlen (§ 250 AktG), Gewinnverwendungsbeschlüsse (§ 253 AktG) und die Feststellung des Jahresabschlusses (§ 256 AktG) gelten die besondere Nichtigkeitsgründe. Im Übrigen sind Beschlüsse (wie in der GmbH) nur ganz ausnahmsweise ohne Weiteres endgültig „nichtig" (§ 241 AktG, siehe oben Rn. 304). Im Regelfall sind Beschlüsse wirksam, bis sie ein Gericht aufgrund einer Anfechtungsklage (§ 246 AktG) für unwirksam erklärt (§ 241 Nr. 5 AktG). Es handelt sich also um eine Gestaltungsklage (wie in der GmbH, oben Rn. 305; siehe auch oben Rn. 148 zu Gestaltungsklagen in der OHG).

Die Anfechtungsklage ist an zwei einschränkende Voraussetzungen geknüpft: 369
Eine „**Anfechtungsbefugnis**" (die regelmäßig einen in der Hauptversammlung erhobenen „Widerspruch zur Niederschrift" erfordert, § 245 AktG) sowie die Einhaltung einer kurzen „**Anfechtungsfrist**" (§ 246 Abs. 1 AktG). Die Anfechtung kann auf jeden Verstoß gegen das Gesetz oder die Satzung gestützt werden, soweit dieser nicht ohnehin zur Nichtigkeit führt. Bereits kleinere Verfahrensverstöße begründen daher die Gefahr, dass eine erneute Hauptversammlung durchgeführt werden muss: Mit dem rechtskräftigen Urteil (§ 248 AktG) wird der Beschluss ersatzlos vernichtet (§ 241 Nr. 5 AktG). Weil viele Beschlüsse auch Wirkung gegenüber Dritten haben (etwa eine Kapitalerhöhung), besteht ein hoher Bedarf nach Rechtssicherheit. Daher verweigern die Registergerichte regelmäßig die Eintragung, bis anhängige Anfechtungsklagen rechtskräftig entschieden sind. Daher kann eine solche Klage die Durchführung notwendiger Finanzierungsmaßnahmen erheblich verzögern oder sogar verhindern. Um die Handlungsfähigkeit der Gesellschaft aufrechtzuerhalten und Erpressungen vorzubeugen , gibt es ein eigenes „**Freigabeverfahren**" vor dem OLG (§ 246a AktG; siehe auch § 16 Abs. 3 UmwG; §§ 319 Abs. 5, 327e Abs. 2 AktG): Dadurch wird eine (unwiderrufliche!) Eintragung des Beschlusses trotz anhängiger Anfechtungsklagen ermöglicht. Selbst wenn die Klage des Aktionärs Erfolg haben sollte, werden die Beschlusswirkungen nicht beseitigt; er erhält nur Schadensersatz. Die Gesellschaft kann also die Kapitalmaßnahme durchführen, die Verfahrensfehler haben keine Rechtsfolgen. Bemerkenswerterweise erfolgt die Freigabe nicht nur, wenn die Klage offensichtlich unzulässig oder unbegründet ist oder eine Interessenabwägung zugunsten der Gesellschaft ausfällt, sondern bereits dann, wenn der Aktionär einen anteiligen Betrag von 1.000 € am Grundkapital hält (das kann je nach Börsenkurs durchaus ein sehr viel höherer Betrag sein – maßgeblich ist der *Nennwert* der Aktien, nicht ihr Kauf- oder Verkaufspreis).

3. Vermögensrechte. Die Aktionäre haben Anspruch auf Zahlung einer **Divi-** 370
dende (§ 58 Abs. 4 AktG), soweit auf der Hauptversammlung ein entsprechender Beschluss über die Gewinnverwendung getroffen wurde (§§ 119 Abs. 1 Nr. 2, 174 AktG, Rn. 347). Diesem Anspruch vorgelagert ist das einklagbare Recht, dass überhaupt ein solcher Beschluss (über die Gewinnverwendung) gefasst wird. Ein Anspruch, dass eine Dividende beschlossen wird, steht dem Aktionär nicht zu, die Hauptversammlung kann also auch eine Ausschüttung ab-

lehnen. Ein einmal gefasster Gewinnverwendungsbeschluss kann durch die Hauptversammlung nachträglich nicht mehr geändert werden und nur noch gerichtlich durch Anfechtungsklage (Rn. 369) aufgehoben werden. Die Satzung kann außer der üblichen Ausschüttung von Geld auch andere Gewinnauszahlungen zulassen, sog. „Sachdividende" (§ 58 Abs. 5 AktG).

371 Das zweite Vermögensrecht des Aktionärs ist ein Anspruch auf einen Anteil am **Liquidationserlös** (§ 271 AktG), der nach Ablauf eines Jahres verteilt wird (§ 272 AktG).

372 4. **Treupflicht.** In der weitgehend anonym ausgestalteten Aktiengesellschaft treffen den einzelnen Aktionär naturgemäß nur eingeschränkte Pflichten gegenüber der Gesellschaft oder den Mitaktionären. Dennoch bestehen auch in der Aktiengesellschaft „Treupflichten" (siehe bereits oben Rn. 164, 321). Ein besonderer Fall ist der sog. „faktische Konzern" (§ 311 AktG), der die Ausübung eines beherrschenden Einflusses durch ein „Unternehmen" von einem Nachteilsausgleich abhängig macht (Rn. 423) und bei Verstößen eine Schadensersatzpflicht statuiert (§ 317 AktG). Allgemein statuiert § 117 AktG eine Haftung für vorsätzliche Ausnutzung von Einfluss zur Schädigung der Gesellschaft. Die Treupflicht kann aber sogar das Abstimmungsverhalten von *Minderheitsgesellschaftern* in eine bestimmte Richtung lenken.

373 **Beispiel:**
Das Grundkapital der X-AG ist vollständig aufgezehrt. Zur Sanierung schlägt der Vorstand einen „Kapitalschnitt" (Herabsetzung des Kapitals und anschließende Erhöhung gegen Einlagen) vor. Ein Minderheitsaktionär schafft es mit eigenen und von ihm vertretenen Aktien die entsprechenden Beschlüsse (3/4-Mehrheit erforderlich, oben Rn. 359) zu verhindern. Der BGH sah (in der sog. „*Girmes*"-Entscheidung) die Stimmabgabe als unzulässig an – einem Aktionär ist es versagt, aussichtsreiche Strukturmaßnahmen und damit eine Sanierung aus eigennützigen Gründen zu verhindern.

→ Entscheidung 118

7. Kapitel Sonstige Rechtsformen im Überblick

I. Die stille Gesellschaft und die BGB-Innengesellschaft

Während die OHG nur als Außengemeinschaft denkbar ist (oben Rn. 111), gibt es bei der BGB-Gesellschaft auch die Möglichkeit einer reinen Innengesellschaft. Eine reine Innengesellschaft tritt nicht nach außen in Erscheinung, vielmehr agieren die Gesellschafter als Individuen (anders als bei der OHG oder der Außen-BGB-Gesellschaft, oben Rn. 193). Innengesellschaften sind nicht rechtsfähig und damit auch nicht parteifähig. Wird die Innengesellschaft abredewidrig einem Dritten gegenüber offengelegt, wird sie hierdurch nicht zur Außengesellschaft. Vielmehr handelt der Gesellschafter, der die Innengesellschaft offengelegt hat, als Vertreter ohne Vertretungsmacht (§ 179 BGB), da es die vermeintlich vertretene rechtsfähige Gesellschaft nicht gibt. Eine Innengesellschaft hat in der Regel kein gemeinschaftliches Vermögen; ein solches kann aber im Einzelfall gebildet werden (etwa zum Innenausgleich). Die praktische Schwierigkeit besteht darin, solche Innengesellschaften von schlichten Austauschgeschäften zu unterscheiden. Denn der vermeintliche „Gesellschafter" könnte auch bloß einen Gewinnanteil als Gegenleistung für die Gewährung eines Darlehens oder die Erbringung einer Dienstleistung verlangt haben (sog. partiarisches Rechtsgeschäft). Entscheidend ist die Frage, ob tatsächlich ein gemeinsamer Zweck verfolgt wird oder nur der eigene Vorteil erreicht werden soll. **374**

→ Entscheidung 119

Bei der **stillen Gesellschaft** als typisierter Innengesellschaft leistet ein „Stiller" etwas in das alleinige Vermögen des Inhabers eines Handelsgewerbes (§ 230 Abs. 1 HGB). Er übereignet also bewegliche (§§ 929 ff. BGB) oder unbewegliche Sachen (§§ 873, 925 BGB) oder überträgt Forderungen und Rechte (§§ 398, 413 BGB). Mehrere Investoren begründen danach grundsätzlich jeweils eigene stille Gesellschaften mit dem Inhaber des Handelsgewerbes. Über diese im Gesetz genannte „eingliedrige" Gesellschaft gibt es auch die Möglichkeit einer „mehrgliedrigen" Gesellschaft, bei der auch zwischen den stillen Gesellschaftern Treupflichten bestehen und Rechte gemeinsam koordiniert ausgeübt werden. Eine stille Gesellschaft ist keine „**Handelsgesellschaft**", denn sie übt selbst kein Gewerbe aus. Möglich ist aber, dass der Betreiber seinerseits eine Handels- **375** gesellschaft (etwa eine OHG, KG, AG oder GmbH) ist, es gibt also durchaus die Konstellation einer „GmbH & Still“ (auch wenn diese nicht als solche nach außen auftritt). Wie Gewinne und Verluste verteilt werden, bestimmt der Gesellschaftsvertrag. Ohne Vereinbarung erhält der Stille einen „angemessenen Anteil“. Die Gewinne werden am Ende des jeweiligen Geschäftsjahrs ermittelt und ausgezahlt (§ 232 Abs. 2 HGB). Während der Gewinnanspruch des Stillen zwingend ist, kann seine Verlustbeteiligung ausgeschlossen werden (§ 232 Abs. 2 HGB). Das Kontrollrecht des Stillen (§ 233 HGB) ist wörtlich identisch zu demjenigen des Kommanditisten geregelt. Die Auflösung der stillen Gesellschaft richtet sich nach §§ 234 Abs. 1, 235 Abs. 1 HGB, der Elemente aus dem BGB-Gesellschaftsrecht (oben Rn. 217) und des OHG-Rechts (oben Rn. 218) kombiniert. Eine Liquidation erfolgt mangels „gemeinschaftlichen“ Vermögens nicht. Es werden nur die Ergebnisse aus den noch schwebenden Geschäften (§ 235 Abs. 2 und Abs. 3 HGB) verteilt und ein etwaiges Guthaben des stillen Gesellschafters ausgezahlt (§ 235 Abs. 1 HGB). In der Insolvenz kann der stille Gesellschafter seine Forderung als Insolvenzgläubiger geltend machen (§ 236 Abs. 1 HGB i. V. m. § 38 InsO).

376 Aufgrund der grundsätzlichen Vertragsfreiheit im Innenverhältnis ist auch eine sogenannte „**atypische stille Gesellschaft**“ zulässig – dabei werden dem Stillen erhebliche Befugnisse im Innenverhältnis eingeräumt. Möglich ist auch eine fehlerhafte stille Gesellschaft (Rn. 120), etwa wenn der Gesellschaftsvertrag wegen eines Eigenschaftsirrtums oder wegen arglistiger Täuschung durch den Stillen angefochten wird. Daneben besteht die Möglichkeit, die geleistete Einlage auf Grundlage von §§ 311 Abs. 2, 280 Abs. 1 (culpa in contrahendo) zurückzufordern. Soweit es sich um eine mehrgliedrige stille Gesellschaft handelt ist freilich vorrangig auf die Interessen der anderen stillen Gesellschafter Rücksicht zu nehmen.

→ Entscheidungen 119b, 119c

377 Sehr umstritten ist, unter welchen Umständen bei einer **nichtehelichen Lebensgemeinschaft** oder innerhalb einer **Ehe** eine Innengesellschaft angenommen werden kann. Nicht genügen soll hierfür das „übliche“ bloße Zusammenleben. Erforderlich ist etwa der Erwerb besonders aufwendiger Vermögensgegenstände (z. B. Yacht, Auto, ...). Bei der nichtehelichen Lebensgemeinschaft wird in Ermangelung eines „Güterstandes“ darüber hinaus z. T. generell eine Abwicklung in analoger Anwendung gesellschaftsrechtlicher Auseinandersetzungsregelungen befürwortet, selbst wenn eine Gesellschaft als solche nicht vorliegt.

→ Entscheidungen 120–122

II. Die Europäische Wirtschaftliche Interessenvereinigung (EWIV)

Schon lange vor der „Societas Europaea" (oben Rn. 325) gab es mit der EWIV eine originär **europäische Rechtsform**. Rechtsgrundlage ist neben der Verordnung 2137/85 das deutsche EWIV-Ausführungsgesetz. **378**

Aus deutscher Sicht handelt es sich dabei um eine gewisse **Kuriosität**: Die EWIV ist wie die OHG eine im Handelsregister einzutragende Personenhandelsgesellschaft (siehe § 1 EWIV-AG; oben Rn. 106). Als Personengesellschaft muss sie mindestens zwei Mitglieder haben, die nicht Kaufleute sein müssen (so dass z. B. auch Anwälte sich an einer EWIV beteiligen können). Die Mitglieder müssen aus zumindest zwei verschiedenen Mitgliedstaaten stammen; Personen aus Nicht-EWR-Staaten dürfen sich nicht als Mitglied an der EWIV beteiligen. Die Gesellschafter haften unbeschränkt und persönlich (Art. 24 Abs. 1 EWIV-VO), ein Mindestkapital ist nicht erforderlich. Anders als in OHG und KG haften sie jedoch nur, wenn die EWIV trotz Zahlungsaufforderung nicht innerhalb einer angemessenen Frist zahlt (also „nachrangig", vgl. oben Rn. 202). **379**

Der **Zweck der EWIV** ist nicht auf die eigene Gewinnerzielung, sondern (ähnlich einer Genossenschaft, unten Rn. 386) auf die Förderung der Tätigkeit ihrer Mitglieder gerichtet. Es geht also um „Joint Ventures", Einkaufsgemeinschaften, etc. Der eigenen Tätigkeit der EWIV sind infolgedessen enge Grenzen gesetzt (Art. 3 Abs. 2 EWIV-VO), z. B. darf sie nicht mehr als 500 Personen beschäftigen. **380**

Steuerrechtlich besteht jedoch ein **Vorteil** darin, dass die EWIV selbst nicht besteuert wird (Art. 40 EWIV-VO), sondern nur ihre Mitglieder. In Abweichung zum deutschen Gesellschaftsrecht kann die EWIV außerdem entgegen dem sonst in den Personengesellschaften geltenden Grundsatz der Selbstorganschaft auch einen **Geschäftsführer** haben, der nicht gleichzeitig Gesellschafter ist. Die praktische Bedeutung ist trotzdem eher gering (es gibt europaweit knapp 1.800 EWIVs, davon 230 in Deutschland) – eine bekannte EWIV ist etwa der TV-Sender ARTE. **381**

III. Die Partnerschaftsgesellschaft

382 Die im Partnerschaftsgesellschaftsgesetz (PartGG) geregelte Partnerschaftsgesellschaft (nicht zu verwechseln mit der „eingetragenen Lebenspartnerschaft" für gleichgeschlechtliche Paare) ist eine besondere Personengesellschaft (oben Rn. 108) für Angehörige freier Berufe (also: Ärzte, Anwälte, Steuerberater, Wirtschaftsprüfer, Architekten, etc.), sofern dies nicht ausnahmsweise durch die jeweiligen Standesregeln (§ 1 Abs. 3 PartGG) ausgeschlossen ist; bei der Partnerschaftsgesellschaft mit beschränkter Berufshaftung (PartmbB, § 8 Abs. 4 PartG) handelt es sich um eine besondere Gestaltung, bei der nur die Gesellschaft und eine Versicherung für berufsbezogene Pflichtverletzungen einstehen (Rn. 385). Alternativ stehen Freiberuflern die BGB-Gesellschaft und in der Regel auch die Kapitalgesellschaften (AG, GmbH, UG (haftungsbeschränkt), KGaA, SE, Limited, etc.) offen. Anders als bei der OHG kommt es für die Abgrenzung zur GbR nicht auf Art und Umfang der Tätigkeit (oben Rn. 106), sondern nur auf die **Eintragung** an – die Wahl der Partnerschaftsgesellschaft geschieht also stets freiwillig. Konsequenterweise wirkt die Eintragung stets konstitutiv (§ 7 Abs. 1 PartGG) – Bedeutung hat dies vor allem für die mögliche Haftungsbeschränkung nach § 8 Abs. 2 PartGG bzw. § 8 Abs. 4 PartGG (unten Rn. 385). Die Partnerschaftsgesellschaft ist in keinem Fall Kaufmann im Sinne des HGB (§ 1 Abs. 1 S. 2 PartGG; genau umgekehrt ist es bei AG und GmbH, oben Rn. 271, 324).

383 Für die Partnerschaftsgesellschaft gilt primär das PartGG, daneben die allgemeinen Regelungen der §§ 705 ff. BGB (§ 1 Abs. 4 PartGG) und in einigen Fällen auch Regeln des OHG-Rechts (z. B. §§ 4 Abs. 1, 6 Abs. 3, 7 Abs. 2–4, 8 Abs. 1 S. 2, 9 Abs. 1, 10 Abs. 2 PartGG). **Abweichend von BGB-Gesellschaft und OHG** können nur natürliche Personen, d.h. nicht andere Gesellschaften, Partner werden (§ 1 Abs. 1 S. 3 PartGG). Der Gesellschaftsvertrag bedarf anders als bei GbR und OHG der Schriftform (§ 3 PartGG). Für Partnerschaftsgesellschaften gibt es ein eigenes Partnerschaftsregister bei den Amtsgerichten (§ 4 PartGG) , sie werden also nicht in das Handelsregister eingetragen. Im Vergleich zur OHG ist die Möglichkeit zur Namensbildung (nicht: „Firma", da die Partnerschaftsgesellschaft kein Kaufmann ist) sehr eingeschränkt: Es müssen der (Nach-)Name mindestens eines Partners, der Zusatz „und Partner" oder „Partnerschaft" sowie die Berufsbezeichnung aller in der Partnerschaft vertretenen Berufe enthalten sein (§ 2 PartGG). Für die PartmbB muss der Zusatz „PartmbB" oder ein vergleichbarer Text, der den Ausschluss der persönlichen Haftung der

Partner für berufsbezogene Pflichtverletzungen zum Ausdruck bringt, verwendet werden (§ 8 Abs. 4 PartGG). Einer wörtlichen Verwendung der Abkürzung wie bei der UG (haftungsbeschränkt) nach § 5a Abs. 1 GmbHG (Rn. 259) bedarf es jedoch nicht. Der Ausschluss eines Partners von der Geschäftsführung ist anders als in GbR und OHG nur möglich, soweit es nicht den vom Partner ausgeübten (freien) Beruf betrifft, sondern nur sonstige Tätigkeiten (insbes. „Alltagsgeschäfte"). Wie in der OHG, aber anders als in der GbR, ist der Umfang der Vertretungsmacht im Außenverhältnis unbeschränkbar (§ 7 Abs. 3 PartGG i. V. m. § 126 Abs. 2 HGB). Die Beteiligung an einer Partnerschaftsgesellschaft ist grundsätzlich nicht vererblich (§ 9 Abs. 4 S. 1 PartGG), der Gesellschaftsvertrag kann nur abweichen, soweit die Erben die Voraussetzungen einer Beteiligung an der Gesellschaft erfüllen (also ebenfalls den freien Beruf des Erblassers oder einen anderen mit diesem kompatiblen Beruf ausüben).

Beispiel: 384
Ein Partner einer Anwaltskanzlei, die eine Regelung nach § 9 Abs. 4 S. 2 PartGG getroffen hat, wird durch seine Tochter und seinen Sohn beerbt. Soweit nur die Tochter Anwältin ist, geht die Beteiligung an sie. Ist keines der Kinder Anwalt, wächst der Anteil den übrigen Partnern zu; die Kinder erhalten nur eine Abfindung (§ 738 BGB).

Die wesentliche Besonderheit der Partnerschaftsgesellschaft gegenüber OHG 385
und GbR liegt in der durch § 8 Abs. 2 PartGG eingeschränkten **Haftung für berufliche Fehler**: Für diese haften neben dem Gesellschaftsvermögen akzessorisch nur die mit dem konkreten Mandat befassten Partner (sowohl diejenigen, die eine eigene Pflicht verletzt haben als auch diejenigen, die pflichtgemäß tätig waren), nicht jedoch die unbeteiligten Partner. Für alle anderen Ansprüche besteht demgegenüber wie in der OHG eine unbeschränkte, unmittelbare, persönliche und gesamtschuldnerische Haftung aller Partner (§ 8 Abs. 1 HGB, siehe auch oben Rn. 193). Für ausscheidende und eintretende Partner gelten ebenfalls die gleichen Grundsätze wie im HGB (§ 8 Abs. 1 S. 2 PartGG i. V. m. § 130 HGB; § 10 Abs. 2 PartGG i. V. m. § 160 HGB oben Rn. 214 f.). Eine Besonderheit stellt die Möglichkeit zum vollständigen Ausschluss der vertraglichen Berufshaftung durch Schaffung einer „PartmbB" dar. Bei dieser haftet selbst derjenige, der die Berufspflicht verletzt, nicht gegenüber dem geschädigten Gläubiger; es haftet also (ähnlich wie bei der GmbH) nur das Gesellschaftsvermögen. Da es allerdings keine Vorschriften zur Kapitalaufbringung gibt, muss die Partnerschaft eine Berufshaftpflichtversicherung in gesetzlich vorgeschriebener Höhe (je nach Berufszweig) abschließen, die dann vom Geschädigten

unmittelbar in Anspruch genommen werden kann. Entfällt der Versicherungsschutz, lebt die Haftung des Partners wieder auf. Keine Privilegierung besteht allerdings für deliktische Schäden, für welche der schädigende Partner weiterhin selbst haftet. Damit ist die PartmbB für Anwälte attraktiv (da dort mangels Rechtsgutverletzung Ansprüche aus § 823 Abs. 1 BGB in der Regel ausscheiden), nicht hingegen für Ärzte (die in der Regel bei Pflichtverletzungen gleichzeitig eine Körperverletzung im Sinne von § 823 Abs. 1 BGB begehen und daher trotzdem persönlich haften).

385a **Beispiel:**
Fährt ein Partner auf dem Weg zu einem Gerichtstermin mit dem Dienstwagen einen Fußgänger an, haften für dessen Schadensersatzansprüche der Fahrer nach § 823 BGB und § 7 StVG, aber auch die Partnerschaftsgesellschaft analog § 31 BGB (Rn. 77, 201) und alle übrigen Partner nach § 8 Abs. 1 PartGG. Daran ändert sich auch in einer PartmbB nichts, da nur Ansprüche aus Schäden wegen fehlerhafter Berufsausübung privilegiert werden.
Begeht ein Arzt in einer als Partnerschaftsgesellschaft organisierten Gemeinschaftspraxis einen Behandlungsfehler, haftet er dafür persönlich nach § 823 Abs. 1 BGB; die Partnerschaftsgesellschaft haftet hierfür analog § 31 BGB und nach § 280 Abs. 1 BGB i. V. m. dem Behandlungsvertrag. Die anderen Ärzte in der Gesellschaften haften hingegen für die Schäden nicht. Auch in einer PartmbB würde der behandelnde Partner für den angerichteten Schaden persönlich nach § 823 Abs. 1 BGB einstehen; die Privilegierung greift nur für Ansprüche die primär gegen die Gesellschaft gerichtet sind (beschränkt also die akzessorische Haftung).

Wird ein Mandant von einem Partner einer Anwaltspartnerschaft beraten und wirkt ein weiterer Partner an dem Mandat mit, können beide auch wegen der Schäden in Anspruch genommen werden, die ausschließlich der jeweils andere angerichtet hat. Außerdem haftet die Partnerschaft (als Gesellschaft), die mit dem Mandat nicht befassten Kollegen hingegen nicht. Da die Anspruchsgrundlage gegen die Partnerschaft ausschließlich die Verletzung des Mandatsvertrages (§§ 675, 280 BGB) ist, aber kein Rechtsgut im Sinne von § 823 Abs. 1 BGB betroffen ist, handelt es sich aber auch bei der Haftung der beratenden Partner nur um eine akzessorische Haftung, nicht hingegen um eine unmittelbare Eigenhaftung. Dies hat zur Folge, dass in einer PartmbB nur die Gesellschaft haftet, aber überhaupt keiner der Partner.

IV. Die eingetragene Genossenschaft (eG)

Das (immerhin aus dem Jahr 1889 stammende!) deutsche Genossenschaftsgesetz wurde zuletzt 2006 grundlegend reformiert. Dabei wurde etwa die oft belächelte Bezeichnung der Gesellschafter als „Genossen“ durch das übliche Wort „Mitglieder“ ersetzt. Zweck der Genossenschaft ist es, den Erwerb oder die Wirtschaft ihrer Mitglieder oder deren soziale oder kulturelle Belange durch gemeinschaftlichen Geschäftsbetrieb zu fördern. Soweit eine Organisation, die derartige Aktivitäten ausführt, nicht als Genossenschaft eingetragen ist (§ 13 GenG), handelt es sich rechtlich um eine BGB-Gesellschaft, eine OHG oder einen nicht eingetragenen Verein, wobei jedoch an Stelle des jeweiligen dispositiven Rechts das Recht der eingetragenen Genossenschaft anzuwenden ist. Derzeit gibt es rund 6.000 eingetragene Genossenschaften („eG“), darunter namentlich Wohnungsbaugenossenschaften (die ihren Mitgliedern günstigen Mietraum zur Verfügung stellen), Taxigenossenschaften oder Einkaufsgenossenschaften. Diese sind nach § 17 Abs. 1 GenG juristische Personen (oben Rn. 23) und nach § 17 Abs. 2 GenG unabhängig von ihrem Zweck Formkaufleute. Die Gesellschafter haften nicht für Schulden der Genossenschaft (§ 2 GenG), sind aber möglicherweise aufgrund des Statuts (d.h. der Satzung) der Genossenschaft im Insolvenzfall im Innenverhältnis zu Nachschüssen verpflichtet (§§ 6, 105 GenG). **386**

Die Genossenschaft erlangt ihre Rechtsfähigkeit durch Eintragung im „**Genossenschaftsregister**“ am Sitz der Gesellschaft (§ 10 GenG). Sie ist also Kaufmann, ohne im Handelsregister eingetragen zu sein; die separate Registerführung ist nur historisch zu erklären. Anders als für AG und GmbH (aber ähnlich wie für den eingetragenen Verein) genügt nicht eine einzelne Person als Gründer, sondern es müssen sich drei Personen zusammenschließen (§ 4 GenG) und der Gesellschaftsvertrag (die „Satzung“) muss einen gewissen Mindestinhalt aufweisen (§§ 6, 7 GenG). Vor der Eintragung besteht wie bei AG und GmbH eine Vorgesellschaft (Rn. 390). **387**

Eine Genossenschaft hat i. d. R. drei **Organe**, nämlich einen Vorstand, einen Aufsichtsrat (§ 9 GenG) und eine Generalversammlung. Es müssen zwei Vorstandsmitglieder (§ 24 GenG) und drei Aufsichtsratsmitglieder (§ 36 GenG) gewählt werden. In Genossenschaften mit bis zu 20 Mitgliedern kann der Vorstand auch aus nur einem Mitglied bestehen und auf einen Aufsichtsrat kann verzichtet werden. In diesem Fall nimmt die Generalversammlung die Funkti- **388** onen des Aufsichtsrats wahr (§ 9 Abs. 1 S. 2 GenG). Anders als in AG und GmbH müssen Angehörige von Vorstand und Aufsichtsrat gleichzeitig Mitglieder der Genossenschaft sein (§ 9 Abs. 2 GenG), es gilt also wie in den Personengesellschaften „Selbstorganschaft" (Rn. 149). Im Vergleich zum Aktienrecht überraschend ist auch, dass der Vorstand wie die Geschäftsführer in der GmbH unmittelbar von der Generalversammlung und nicht vom Aufsichtsrat bestellt wird (§ 24 Abs. 2 S. 1 GenG). Anders als in der AG bestehen weitreichende Gestaltungsmöglichkeiten (es gibt keine Satzungsstrenge wie in § 23 Abs. 5 AktG, oben Rn. 327) und vor allem eine stärkere Rolle der Generalversammlung im Vergleich zur Hauptversammlung (§ 48 GenG).

389 Die **Mitgliedschaft** in der Genossenschaft (ist wie in AG und GmbH) vererblich, aber endet automatisch mit Ende des Geschäftsjahres nach dem Todesfall (§ 77 Abs. 1 GenG). Eine Übertragung von Geschäftsanteilen ist durch schriftliche Erklärung möglich (§ 76 GenG).

390 Wie bei AG und GmbH gibt es im Zeitraum zwischen Vertragsschluss und Eintragung eine **Vorgesellschaft** (Rn. 263). Diese wird wie die Vor-AG und Vor-GmbH als Rechtsform sui generis behandelt – es besteht also nicht etwa eine Haftung der Gründer gegenüber den Gläubigern, sondern nur eine „Wiederauffüllungspflicht" hinsichtlich der vor Eintragung eingegangenen Verbindlichkeiten (oben Rn. 264, 333).

391 Neben der deutschen eingetragenen Genossenschaft existiert mit der **„Societas -Cooperativa Europaea"** (**SCE**) eine europäische Rechtsform. Rechtsgrundlage für diese ist die Verordnung (EG) Nr. 1435/2003 des Rates vom 22. Juli 2003 über das Statut der Europäischen Genossenschaft, ergänzt durch die Richtlinie 2003/72/EG des Rates vom 22. Juli 2003 zur Ergänzung des Statuts der Europäischen Genossenschaft hinsichtlich der Beteiligung der Arbeitnehmer. Auf deutscher Ebene gilt das Gesetz zur Einführung der Europäischen Genossenschaft und zur Änderung des Genossenschaftsrechts (EGSCE), insoweit ähnelt die Rechtslage der SE (Rn. 325 ff.). Die SCE ist eine juristische Person mit einem in Geschäftsanteile zerlegten Grundkapital. Es sind mindestens 30.000 € einzuzahlen (Art. 3 Abs. 2 SCE-VO). Zweck der SCE muss es sein, den Bedarf ihrer Mitglieder zu decken und/oder deren wirtschaftliche und/oder soziale Tätigkeiten zu fördern (Art. 1 Abs. 3 SCE-VO). Eine SCE kann auf drei Wegen entstehen (Art. 2 Abs. 1 SCE-VO):

- durch Neugründung mit mindestens fünf juristischen oder natürlichen Personen, die ihren (Wohn-)Sitz mindestens in zwei verschiedenen Mitgliedsstaaten der EU haben (dies ist bei der SE nicht möglich, Rn. 334 f.);

- durch Formwechsel einer bestehenden Genossenschaft, die bereits mindestens zwei Jahre lang eine Zweigniederlassung oder Tochter in einem Mitgliedsstaat hat;
- durch Verschmelzung von Genossenschaften aus verschiedenen Mitgliedsländern.

V. Die Kommanditgesellschaft auf Aktien (KGaA)

Die in gerade einmal 12 Paragraphen als „zweites Buch" des AktG geregelte **392**
KGaA kombiniert Merkmale einer Kommanditgesellschaft mit denen einer Aktiengesellschaft. Sie ist wie die AG juristische Person und Kapitalgesellschaft, hat aber wie eine KG mindestens einen unbeschränkt, persönlich haftenden Gesellschafter („Komplementär"), § 278 Abs. 2 AktG. Diesem Komplementär stehen wie in der KGaA Geschäftsführungsbefugnis und Vertretungsmacht zu (§ 278 Abs. 2 AktG i. V. m. §§ 161 ff. AktG), er erfüllt also die Aufgabe des Vorstands einer AG. Hauptversammlung und Aufsichtsrat haben keine Möglichkeit zur Abberufung oder Bestellung anderer Personen als Vertretungsorgan. Die Stellung der Kommanditaktionäre richtet sich demgegenüber weitgehend nach Aktienrecht. Es gibt also eine Hauptversammlung und einen (evtl. mitbestimmten, unten Rn. 435 ff.) Aufsichtsrat. Interessant wird diese Rechtsform dadurch, dass parallel zu einer GmbH & Co KG auch eine GmbH & Co KGaA (oder auch eine Stiftung & Co KGaA, etc.) zulässig sind. Dabei haftet nur eine juristische Person unbeschränkt mit ihrem Vermögen, während gleichzeitig der Einfluss des mitbestimmten Aufsichtsrates auf die Unternehmensführung beschränkt wird (insbesondere hat er weder die Personalkompetenz nach § 84 AktG noch kann er Zustimmungsvorbehalte nach § 111 Abs. 4 AktG schaffen).

→ Entscheidung 123

VI. Die „Private Company Limited By Shares" (Ltd.)

Die britische „private company limited by shares" (kurz: „Limited" oder „Ltd") **393**
erfreut sich auch für rein deutsche Unternehmen großer Beliebtheit. Auch ihre „große Schwester", die „public limited company", hat ihren Sprung über den

Ärmelkanal geschafft – so ist etwa die Fluggesellschaft „air berlin“ als plc organisiert. Wie für alle unternehmerisch tätigen **Gesellschaften aus dem Europäischen Wirtschaftsraum** (neben der EU auch Island, Liechtenstein und Norwegen) ermöglicht die europarechtliche Niederlassungsfreiheit eine Tätigkeit auch ausschließlich in einem anderen Staat als demjenigen der Registereintragung (Rn. 21). Eine Eintragung als „Zweigniederlassung“ (§§ 13d–13g HGB, oben Rn. 3) im deutschen Handelsregister ist zwar vorgeschrieben, ihre Unterlassung führt aber nur zu registerrechtlichen Sanktionen, nicht etwa zur „Unwirksamkeit“ der Gesellschaft.

394 Rechtsgrundlage für die Limited ist der britische Companies Act in der Fassung des Companies Act 2006. Wie GmbH und AG ist auch die Limited juristische Person und Kapitalgesellschaft. Ein **Mindestkapital** ist für die Limited jedoch nicht erforderlich – dementsprechend ist auch eine gerichtliche Prüfung entbehrlich, sodass die für die Erlangung der Rechtsfähigkeit maßgebliche Erteilung des „Certificate of Incorporation“ (gegen eine geringe Zusatzgebühr) sogar innerhalb von 24 Stunden erfolgt. Grundlage der Gesellschaft ist die „Company Constitution“, bestehend aus einem „Memorandum of Association“ (durch das sich die Gesellschafter verpflichten, Anteile an der Limited zu übernehmen) und den „Articles of Association“, der Satzung. Inhaltlich gibt es mit „Table A“ der Companies Regulations 1985 ein Muster, Mindestvorgaben ergeben sich aus Art. 9 des Companies Act 2006. Formal genügt Schriftform (d. h. alle Gründer müssen das „Memorandum of Association“ unterschreiben), eine notarielle Beurkundung ist nicht erforderlich. Die Eintragung erfolgt nicht wie in Deutschland in dezentral geführten Handelsregistern, sondern für England und Wales beim zentralen „Companies House“ in Cardiff. Dementsprechend kann man auf dessen Internetseite (www.companieshouse.gov.uk) auch wie im deutschen Unternehmensregister nach englischen Gesellschaften recherchieren.

395 Vertretungsorgan der Limited sind die den Geschäftsführern einer GmbH (oben Rn. 294 ff.) vergleichbaren „**Directors**“, mehrere „Directors“ bilden zusammen ein „Board of Directors“. Diese sind (wie bei der GmbH) nur gemeinsam vertretungsbefugt (oben Rn. 295), soweit nichts anderes vereinbart ist. Der Umfang der Vertretungsmacht richtet sich zwar grundsätzlich nach den „Articles of Association“. Beschränkungen entfalten aber wie nach § 37 GmbH (Rn. 295) mangels Eintragung und Bekanntmachung keine Außenwirkung. Die Pflichten des Geschäftsführers sind inzwischen im Vergleich zum deutschen Recht sehr detailliert im Gesetz festgelegt, u.a. die Pflicht zur Satzungstreue, zur Förderung des Unternehmenszwecks, zum sorgfältigen Handeln oder zur Vermeidung von Interessenkollisionen. Wie der Geschäftsführer einer GmbH sind die Directors auch gegenüber dem Staat verpflichtet und müssen u.a. Jahresabschlüsse („Annual Accounts“) und Informationen zur aktuellen Organisation der Gesellschaft (etwa Gesellschafterliste und Namen von Director und Secretary, „Annual Return“) beim Companies House einreichen. Auch eine Limited, die ausschließlich in Deutschland tätig ist, muss ihre Unterlagen in Großbritannien (in englischer Sprache!) einreichen. Die Amtszeit der Directors beträgt in der Regel zwei Jahre, eine erneute Bestellung ist aber zulässig.

Neben den „Directors“ kann (muss aber nicht) es einen zusätzlichen „**Secretary**“ (oft: der Hausanwalt oder ein Wirtschaftsprüfer) geben, der für die Einhaltung der Registervorschriften, die Führung und Verwaltung von Protokollen oder der Geschäftsbücher verantwortlich ist. Dieser „Secretary“ kann auch gleichzeitig „Director“ der Limited sein, sofern es mindestens einen weiteren „Director“ gibt. **395a**

Die Gesellschafter („Shareholder“ bzw. „Members“) und „Directors“ der Limited **haften** grundsätzlich nicht; Haftungsmasse ist primär das Gesellschaftsvermögen. Vertragliche Gläubiger der Limited können sich durch Sicherungsvereinbarungen absichern. Eine Haftung der -Gesellschafter wird als „Veil-Piercing“ nur in Extremfällen zugelassen, wenn ausnahmsweise die Gesellschaft ausschließlich rechtsmissbräuchlich eingesetzt wird, oder bei gezielt betrügerischem Verhalten gegenüber den Gesellschaftsgläubigern. Dem Gläubigerschutz dient demgegenüber eine strenge Haftung der Directors im Insolvenzfall: **396**

- Ist die Insolvenz der Gesellschaft unvermeidbar oder bereits eingetreten, muss der Geschäftsführer alles tun, um Forderungsausfälle für Gläubiger so gering wie möglich zu halten (insbes. ein Insolvenzverfahren einleiten). - Soweit ihm dies trotz Kenntnis oder (objektiv zu ermittelnder) fahrlässiger - Unkenntnis nicht gelingt, haftet er wegen „**Wrongful Trading**“ („Insolvenzverschleppung“) i. S. v. § 213 Insolvency Act 1986 (siehe demgegenüber oben Rn. 289 zu § 64 GmbHG, § 15a InsO). Antragsbefugt ist insoweit der Insolvenzverwalter. **397**
- Daneben besteht eine Haftung (evtl. auch der Gesellschafter) für „**Fraudulent Trading**“. Erforderlich hierfür ist die Absicht, Gläubiger zu täuschen oder zu schädigen (§ 214 Insolvency Act 1986), siehe oben Rn. 288 zur Haftung aus § 823 Abs. 2 i. V. m. § 263 StGB bzw. § 826 BGB in der GmbH. Auch insoweit ist nur der Insolvenzverwalter antragsbefugt, es handelt sich um eine reine Innenhaftung. **398**

399 Daneben kommt eine Haftung wegen Insolvenzverschleppung nach deutschem Recht aus § 823 Abs. 2 BGB i. V. m. § 15a InsO in Betracht (oben Rn. 397). Die Regelungen sind nicht nur rechtsformneutral formuliert, sondern nach den Grundsätzen des internationalen Privatrechts anwendbar.

400 Eine Limited kann durch Eintritt einer in den Articles of Association genannten Bedingung oder Befristung oder durch Auflösungsbeschluss **aufgelöst** werden. Der Beschluss muss dem Register innerhalb von zwei Wochen mitgeteilt werden und ist bekannt zu machen. Daneben erfolgt eine Auflösung von Amts wegen, wenn der Jahresabschluss verspätet eingereicht wird oder die Geschäftstätigkeit vor über einem Jahr eingestellt wurde. Wie im deutschen Recht schließt sich an die Auflösung die Liquidation an, die insbes. zur Begleichung der noch bestehenden Verbindlichkeiten führt.

8. Kapitel Übergreifende Problemstellungen

I. Wechsel der Rechtsform (Formwechsel), Verschmelzung und Spaltung

Die Umstände, unter denen ein Unternehmen betrieben wird, können sich derart ändern, dass die ursprünglich gewählte rechtliche Organisation als ungeeignet herausstellt. **401**

Beispiele: **402**

- Ein Unternehmen ist so erfolgreich, dass es an die Börse gebracht werden soll, es wurde aber als GmbH gegründet (oben Rn. 260 ff.) und müsste hierzu eine AG, SE oder KGaA sein.
- Zwei ehemalige Konkurrenten beschließen, ihre Aktivitäten zu bündeln und möchten dazu nicht weiter separate Gesellschaften führen.
- Ein bestimmter Geschäftsbereich soll in Zukunft von einer rechtlich selbstständigen Gesellschaft betrieben bzw. auf eine existierende Gesellschaft übertragen werden.

Nun könnte man jeden Kugelschreiber, jede Schraube (nach §§ 929 ff. BGB), jedes Patent und jede Forderung (nach §§ 398, 413 BGB) auf den neuen Rechtsträger übertragen. Das ist aber nicht nur zeitaufwendig, sondern auch mit dem Risiko verbunden, dass Gegenstände übersehen werden. Darüber hinaus ist ein solches Vorgehen steuerlich, organisatorisch und registertechnisch sehr aufwendig – es handelt sich um eine **Auflösung der alten Gesellschaft i. V. m. einer Neugründung**. **403**

Auf der Basis des Umwandlungsgesetzes ist es demgegenüber möglich, alle Rechte und Pflichten insgesamt auf den neuen Rechtsträger zu übertragen (sog. „**Universalsukzession**"). Besonderes Augenmerk ist dabei auf die Interessen von Minderheitsgesellschaftern und Gläubigern zu richten, die nur einen geringen Einfluss auf die konkrete Ausgestaltung haben. Insoweit erklärt sich auch, dass dem geltenden deutschen Recht EU-Richtlinien zur Verschmelzung (78/855/EWG) und Spaltung (82/891/EWG) zugrunde liegen, da Gläubiger und Gesellschafter auch aus anderen EU-Staaten stammen können. **404**

405 **Beispiele:**
Ohne Schutzvorschriften könnten etwa die Mehrheitsgesellschafter den Minderheitsgesellschaftern eine persönliche Haftung aufzwingen (Formwechsel von einer GmbH in eine OHG) oder es würde sich die Haftungsmasse für die Gläubiger verkleinern (Verschmelzung eines solventen mit einem verschuldeten Unternehmen; Ausgliederung/Abspaltung des lukrativen Geschäftszweigs; Formwechsel einer OHG in eine GmbH). Denkbar ist auch, dass die Aktionäre in einer AG nach einem Formwechsel in eine GmbH auf einmal ihre Anteile nicht mehr veräußern können oder nach einer Verschmelzung mit einer anderen Gesellschaft durch Verwässerung der Beteiligungsverhältnisse an Einfluss verlieren.

406 An dieser Stelle nicht angesprochen wird die **Vermögensübertragung** (§§ 174–189 UmwG), ein Spezialfall für die Übertragung von Kapitalgesellschaften auf den Bund, ein Land, eine Gebietskörperschaft oder einen Zusammenschluss von Gebietskörperschaften (§ 175 Nr. 1 UmwG) sowie zwischen Versicherungsunternehmen verschiedener Rechtsform (§ 175 Nr. 2 UmwG). Ebenso ausgeklammert bleiben die **steuerrechtlichen Besonderheiten** der Umwandlung, die im Umwandlungssteuergesetz (UmwStG) geregelt sind. Ziel des UmwStG ist die Erleichterung der Umwandlung gegenüber Auflösung und Neugründung.

407 1. **Verschmelzung.** Die in §§ 2–122 UmwG geregelte Verschmelzung ist der Grundtyp der Umwandlung. Für die Spaltung gelten grundsätzlich die Regeln der Verschmelzung entsprechend (§ 125 UmwG), ebenso für den Formwechsel (§ 176 UmwG); für die Vermögensübertragung folgt dies aus dem Verweis des § 184 UmwG auf das Spaltungsrecht und damit auf § 125 UmwG.

408 Bei der Verschmelzung wird das gesamte Vermögen mehrerer Rechtsträger rechtlich zusammengeführt – dabei geht entweder mindestens ein Rechtsträger unter („**Verschmelzung zur Aufnahme**“) oder es erlöschen sogar alle Beteiligten und es entsteht eine neue Gesellschaft („**Verschmelzung zur Neugründung**“). Die Inhaber des oder der untergegangenen Rechtsträger erhalten als Ausgleich Anteile am aufnehmenden bzw. neu gegründeten Rechtsträger (§ 2 UmwG).

409 Der Kreis der möglichen Beteiligten ist begrenzt (§ 3 UmwG). Für die Verschmelzung von Kapitalgesellschaften (nicht hingegen für Personengesellschaften und andere Körperschaften) aus verschiedenen EU-Mitgliedsstaaten (nicht hingegen aus nicht zur EU gehörenden Drittstaaten) gelten besondere Regelungen in den §§ 122a–122l UmwG (beruhend auf der Richtlinie 2005/56/

EG über grenzüberschreitende Verschmelzung) (siehe auch unten Rn. 438). Die SE ist hingegen einer deutschen Aktiengesellschaft gleichgestellt und fällt daher unter § 3 Abs. 1 Nr. 2 UmwG. Diese Möglichkeit der Umwandlung ist aber auch im Rahmen der Niederlassungsfreiheit (oben Rn. 21) unmittelbar durch den EG-Vertrag gewährleistet.

→ Entscheidung 123a

Eine Verschmelzung erfordert zunächst einen notariell beurkundeten **Verschmelzungsvertrag** zwischen den beteiligten Rechtsträgern mit gesetzlich definiertem Mindestinhalt (§§ 4–6, 36 f. UmwG). Bei einer AG ist dieser Vertrag zwingend durch unabhängige Sachverständige extern zu prüfen (§ 60 Abs. 1 UmwG). Dann müssen die vertretungsberechtigten Organe der beteiligten Rechtsträger (d. h. AG-Vorstand, GmbH-Geschäftsführer, geschäftsführende OHG/KG-Gesellschafter, ...) einen sog. **Verschmelzungsbericht** erstatten, in dem sie insbes. das Umtauschverhältnis bzw. die Rechte am neuen Rechtsträger darstellen und begründen (§ 8 Abs. 1 UmwG). Nur wenn alle Gesellschafter in notariell beurkundeter Form auf den Bericht verzichten oder sich alle Anteile bereits in der Hand des übernehmenden Rechtsträgers befinden, muss kein Bericht erstellt werden (§ 8 Abs. 3 UmwG). **410**

Auf Grundlage von Verschmelzungsbericht und Verschmelzungsvertrag fassen die Gesellschafter der beteiligten Rechtsträger einen „**Verschmelzungsbeschluss**", durch den sie dem geplanten Vorgang zustimmen (§ 13 UmwG). Bei Personenhandelsgesellschaften (OHG, KG) muss dieser Beschluss einstimmig gefasst werden, sofern der Gesellschaftsvertrag nicht ausdrücklich eine Mehrheit von ¾ oder mehr erlaubt (§ 43 Abs. 1 UmwG, § 24 Abs. 2 S. 1 UmwG). In einer GmbH, UG (haftungsbeschränkt), AG, KGaA oder SE reicht hingegen eine Mehrheit von ¾ der abgegebenen Stimmen, wobei höhere Mehrheiten in der Satzung gefordert werden können (§ 50 Abs. 1 UmwG, § 65 Abs. 1 UmwG). Der Beschluss kann innerhalb eines Monats im Klageweg angegriffen werden (§ 14 Abs. 1 UmwG). Ist mit der Verschmelzung ein Wechsel der Rechtsform verbunden (z. B. AG verschmilzt auf GmbH), muss jedem Gesellschafter als *„opt out"* die Möglichkeit eines Ausscheidens gegen angemessene **Bar**abfindung angeboten werden (§ 29 Abs. 1 S. 1 UmwG). **411**

Schließlich muss die Verschmelzung im Handelsregister **eingetragen** werden. **412**
In dem Moment, in dem sie am Sitz des übernehmenden oder neu gegründeten Rechtsträgers eingetragen ist (§ 20 UmwG), geht das Vermögen automatisch kraft Gesetzes insgesamt auf den übernehmenden oder mit der Übertragung neu gegründeten Rechtsträger über und der übertragende Rechtsträger

erlischt. Gleichzeitig ändern sich auch die Beteiligungsverhältnisse: Statt am übertragenden Rechtsträger sind die Gesellschafter nun am übernehmenden oder neuen Rechtsträger beteiligt. Besonders bedeutsam ist, dass alle Mängel durch die Eintragung geheilt werden – insbes. sind Nichtigkeits- oder Anfechtungsklagen (Rn. 368 ff.) ausgeschlossen.

413 Die **Gläubiger** werden bei der Verschmelzung naturgemäß dadurch geschützt, dass das ganze Vermögen insgesamt übertragen wird, die Haftungsmasse also erhalten bleibt. Trotzdem kann sich die Sicherheit von Forderungen gegen die an der Umwandlung beteiligten Gesellschaften verändern – etwa wenn fällige Verbindlichkeiten durch die Verschmelzung hinzutreten. Daher können die Gläubiger verlangen, dass ihnen eine Sicherheit gewährt wird (§ 22 UmwG). Hierzu müssen sie innerhalb von sechs Monaten nach der Bekanntmachung der Eintragung im Handelsregister Grund und Höhe ihres Anspruchs schriftlich anmelden sowie glaubhaft machen, dass die Verschmelzung die Erfüllung ihrer Forderung gefährdet.

414 2. **Spaltung.** Bei der Spaltung geht das Vermögen eines übertragenden Rechtsträgers auf eine oder mehrere andere bestehende Gesellschaften („**Spaltung zur Aufnahme**") oder auf einen oder mehrere andere neu gegründete Gesellschaften (sog. „**Spaltung zur Neugründung**") über.

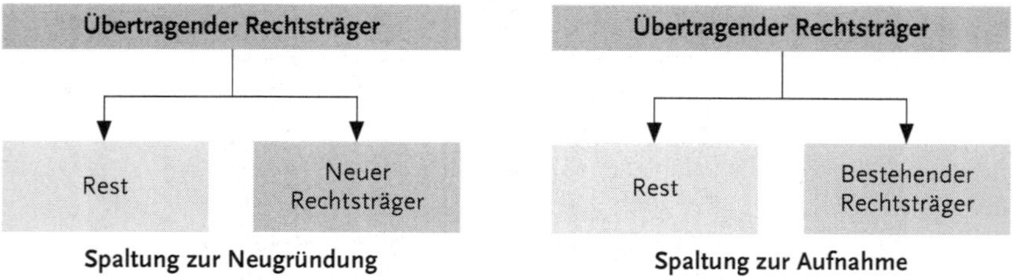

415 Diese Übertragung kann in drei verschiedenen Gestaltungen geschehen:

- Bei der „**Aufspaltung**" (§ 123 Abs. 1 UmwG) wird das Vermögen als Gesamtheit auf andere Rechtsträger übertragen.
- Bei der „**Abspaltung**" (§ 123 Abs. 2 UmwG) wird hingegen nur ein Teil (oder auch mehrere Teile) auf einen oder mehrere Rechtsträger übertragen – das ursprüngliche Unternehmen bleibt also erhalten.
- Bei der „**Ausgliederung**" (§ 123 Abs. 3 UmwG) wird eine Tochtergesellschaft gegründet – die Anteile gehören also dem ehemaligen übertragenden Rechtsträger. Möglich ist dabei insbes. die Ausgliederung aus dem Vermö-

gen eines Einzelkaufmanns (§ 152 UmwG), wodurch es möglich ist, aus einem einzelkaufmännischen Unternehmen z.B. eine GmbH zu machen.

Wie bei der Verschmelzung sind die möglichen Beteiligten abschließend im Gesetz aufgezählt (§ 124 Abs. 1 i. V. m. § 3 UmwG). Es gibt allerdings keine Sonderregelungen zur grenzüberschreitenden Spaltung. Nach der neueren EuGH-Rechtsprechung (Rn. 416) muss diese Möglichkeit aber aufgrund der europäischen Niederlassungsfreiheit gewährt werden. Es ist also über den Wortlaut des Gesetzes hinaus möglich, z.B. Teile einer deutschen GmbH auf eine britische Limited auszugliedern und umgekehrt. Hierbei sind die Regeln des jeweils anderen EU-Mitgliedsstaats und die Regeln des UmwG kumulativ anzuwenden, wobei gleichgerichtete Erfordernisse wechselseitig anzuerkennen sind.

Das Verfahren läuft ähnlich wie bei der Verschmelzung ab. Natürlich gibt es bei **415a**
der Spaltung zur Neugründung keinen „Vertrag", denn es ist zunächst nur ein Rechtsträger beteiligt. Man spricht stattdessen von einem „Spaltungsplan" (§ 136 UmwG). Bei der Spaltung zur Aufnahme gibt es hingegen einen „Spaltungs- und Übernahmevertrag" zwischen der aufnehmenden und der übertragenden Gesellschaft (§ 126 UmwG), wobei eine Prüfung durch externe Sachverständige bei der Ausgliederung entbehrlich ist (§ 125 UmwG). An die Stelle des „Verschmelzungsberichts" tritt ein „Spaltungsbericht" (§ 127 UmwG). Besondere Anforderungen bestehen für nicht verhältniswahrende Spaltungen, zu denen alle Anteilsinhaber zustimmen müssen (§ 128 UmwG).

3. Formwechsel. Der Formwechsel ist der „einfache" Wechsel der Rechtsform, **416**
also eine „Umwandlung" im engeren Sinne – aus einer OHG wird eine GmbH, aus einer GmbH eine KGaA, etc. Der Formwechsel einer deutschen Gesellschaft in eine ausländische Gesellschaft (etwa einer GmbH in eine Limited) oder umgekehrt einer ausländischen in eine deutsche Gesellschaft ist im UmwG nicht geregelt. Der EuGH hat allerdings in einer Entscheidung zur Niederlassungsfreiheit (Art. 49 AEUV) erklärt, dass ein Staat, nach dessen Recht sich die Gesellschaft künftig richten soll, Gesellschaften aus anderen EU-Mitgliedstaaten wie eigene behandeln muss. Da es derzeit keine spezialgesetzlichen Regelungen auf europäischer oder deutscher Ebene gibt, sind die deutschen Vorschriften zum Formwechsel und die Regeln des ausländischen Staats nebeneinander anzuwenden.

→ Entscheidung EuGH, 12.07.2012 – C-378/10 – Vale

417 Wie bei Verschmelzung und Spaltung ist für den Formwechsel ein Bericht erforderlich, der unter ähnlichen Voraussetzungen wie bei der Verschmelzung entbehrlich ist (§ 192 UmwG). Wie bei Verschmelzung und Spaltung ist auch ein Beschluss der Gesellschafter erforderlich (§ 193 UmwG), der einen gewissen Mindestinhalt haben muss (§ 194 UmwG). Innerhalb eines Monats kann die Wirksamkeit dieses Beschlusses angegriffen werden (§ 195 UmwG). Danach ist der Formwechsel im Register einzutragen (§ 198 UmwG). Die Eintragung heilt die Mängel (§ 202 UmwG). Neue und alte Gesellschaft sind identisch in dem Sinne, dass sich zwar die Rechtsform des Unternehmensträgers ändert, aber die Zuordnung der einzelnen Vermögensgegenstände gleich bleibt.

II. Verbundene Unternehmen („Konzernrecht")

418 Das Konzernrecht behandelt die Konstellation, dass **rechtlich** selbständige Gesellschaften, **wirtschaftlich** von einem anderen „Unternehmen" (Rn. 421) abhängig sind. Die praktische Bedeutung solcher Rechtsfragen kann man kaum unterschätzen: Mehr als ¾ aller deutschen Aktiengesellschaften sind „verbundene Unternehmen" i. S. v. § 15 AktG. Der Begriff erfasst dabei verschiedene Konstellationen, von denen der „**Konzern**" (§ 18 AktG) nur ein Sonderfall ist.

419 Eine Konzernierung ist gegenüber der Konzentration aller geschäftlichen Aktivitäten in einem Unternehmen aus zwei Gründen vorteilhaft: Zum einen können Risiken gestreut werden, da jede Tochter nur mit ihrem Vermögen (und nicht etwa das herrschende Unternehmen mit seinem eigenen Kapital) haftet. Zum anderen kann unter Beibehaltung der Kontrolle für jede Tochter Kapital von Investoren eingeworben werden, denn es genügt eine Beteiligung von 50 % + 1 Stimme, um alle wesentlichen Fragen entscheiden zu können. Die wirtschaftliche Abhängigkeit begründet aber Gefahren für Minderheitsgesellschafter und Gläubiger.

→ Entscheidungen 124–125

420 Gesetzlicher Ausgangspunkt sind die **§§ 15 ff. AktG**: § 16 Abs. 1 AktG definiert die Mehrheitsbeteiligung an einem Unternehmen. § 17 AktG definiert demgegenüber „abhängige" und „herrschende" Unternehmen, was nicht zwingend von der Beteiligung im Sinne des § 16 AktG abhängig ist (so kann auch aufgrund eines Beherrschungsvertrags oder aufgrund mittelbarer Beteiligung Einfluss ausgeübt werden; eine unter 50 % liegende „Minderheitsbeteiligung" genügt, wenn auf der Hauptversammlung regelmäßig deutlich unter 100 % der Anteile vertreten sind). Entgegen dem Wortlaut ist auch eine „Mehrmütterherrschaft" möglich, also eine gleichzeitige Abhängigkeit eines Unternehmens von mehreren Müttern. § 18 AktG definiert schließlich den „Konzern" als einheitliche Leitung eines abhängigen durch ein herrschendes Unternehmen. Ein Konzern setzt damit voraus, dass **mehrere** (mindestens zwei) Unternehmen unter einheitlicher Leitung zusammengefasst sind. Dabei kann ein Abhängigkeitsverhältnis bestehen („Unterordnungskonzern", § 18 Abs. 1 AktG), muss aber nicht („Gleichordnungskonzern", § 18 Abs. 2 AktG). Anknüpfungspunkte ist ein beherrschender Einfluss, der entweder durch eine Mehrheit der Stimmrechte (siehe §§ 311 ff. AktG) oder einen „Beherrschungsvertrag" (siehe §§ 291 ff. AktG) vermittelt wird. Es gilt folgende Vermutungskette:

Mehrheitsbeteiligung (§ 16 AktG)

↓ *Vermutung in § 17 Abs. 2 AktG*

Beherrschung (§ 17 AktG)

↓ *Vermutung in § 18 Abs. 1 S. 3 AktG*

Konzern (§ 18 AktG)

Der Begriff des „**Unternehmens**" wird in den §§ 15 ff. AktG nicht definiert. Es 421
geht dabei nicht um eine bestimmte Rechtsform, sondern um ein Gefahrpotential. Daher können etwa auch natürliche Personen (= Menschen) herrschendes Unternehmen sein, wenn sie noch mindestens ein *weiteres Unternehmen beherrschen* und insoweit eine wirtschaftliche Interessenbindung nachweisbar ist oder sie eine *eigene unternehmerische Tätigkeit* (neben ihrer Beteiligung) ausüben. Auch staatliche Einrichtungen können in diesem Sinne Unternehmen sein, und zwar bereits bei der ersten Mehrheitsbeteiligung – denn der Staat verfolgt bekanntlich durchaus eigene (wirtschaftspolitische) Ziele neben der Beteiligung, sein Interesse beschränkt sich nicht auf die Optimierung des Gewinns der konkreten Gesellschaft.

→ Entscheidung 126

422 Nur für **Aktiengesellschaften** finden sich in den §§ 291–310 AktG Regelungen zu sog. Unternehmensverträgen, dem Beherrschungsvertrag und dem Gewinnabführungsvertrag. Diese (gem. § 293 Abs. 3 stets schriftlichen) Verträge müssen nach § 294 Abs. 1 AktG im Handelsregister bei der beherrschten Gesellschaft eingetragen werden und bedürfen der Zustimmung der Hauptversammlung der beherrschten Gesellschaft mit 75 %-Mehrheit (§ 293 Abs. 1 AktG); darüber hinaus ist nach § 293 Abs. 2 AktG auch die Zustimmung der Hauptversammlung des herrschenden Unternehmens erforderlich. Das Verfahren ist in den §§ 293a–293g AktG detailliert geregelt, u. a. sind ein Bericht und eine Prüfung erforderlich. Durch solche Verträge kann dem herrschenden Unternehmen ein Weisungsrecht gegenüber der beherrschten Gesellschaft eingeräumt werden (§ 308 Abs. 1 AktG). Der Vorstand ist also entgegen § 76 Abs. 1 AktG nicht mehr unabhängig. Sogar nachteilige Weisungen sind möglich (§ 308 Abs. 1 S. 2 AktG), wobei das Gebot der Kapitalerhaltung unanwendbar ist (§ 291 Abs. 3 AktG). Als Ausgleich dafür besteht eine Pflicht des herrschenden Unternehmens zum Ausgleich des Jahresfehlbetrags (§ 302 AktG). Sofern ein Beherrschungsvertrag besteht, wird unwiderlegbar das Bestehen eines Konzerns vermutet (§ 18 Abs. 1 S. 2 AktG).

423 Neben dem Vertragskonzern gibt es auch den sogenannten **„faktischen" Konzern**, also Fälle in denen die Macht gerade nicht auf der Vereinbarung beruht (§§ 311–318 AktG). Insoweit geht das Gesetz nicht (wie beim Vertragskonzern) von einer pauschalen Verlustübernahme, sondern vielmehr von einem Ausgleich jeder einzelnen nachteiligen Maßnahme aus. Der Durchsetzung dieser Ausgleichspflicht dient namentlich der Schadensersatzanspruch aus § 317 AktG (der sogar von einzelnen Aktionären geltend gemacht werden kann, § 317 Abs. 4 AktG). Zum Nachweis eines Nachteils gibt es nicht nur einen „Abhängigkeitsbericht" (§§ 312–314 AktG), sondern darüber hinaus die Möglichkeit zu einer Sonderprüfung (§ 315 AktG). Das gesetzliche System versagt aber, wenn einzelne nachteilige Maßnahmen sich nicht (mehr) bestimmen lassen. Spiegelbildlich zur Beherrschung kann ein Unternehmen auf die Ausübung solchen faktischen Einflusses verzichten (sog. „**Entherrschungsvertrag**").

424 Schließlich kennt das Aktienrecht noch die „**Eingliederung**" (§§ 319–327 AktG), bei der die Hauptgesellschaft alle Aktien hält bzw. erwirbt (§§ 319 Abs. 1, 320a AktG).

425 Während die §§ 15–19 AktG noch neutral von „Unternehmen" sprechen (also eine Art „allgemeinen Teil" des Konzernrechts bilden), passen die §§ 291–318 AktG ausdrücklich nur auf Aktiengesellschaften. Selbstverständlich sind Unternehmensverbände auch bei **anderen Rechtsformen** möglich. So ist mehr als die Hälfte aller GmbHs mit anderen Unternehmen „verbunden". Das GmbH-Konzernrecht ist aber im Gesetz nicht geregelt, sondern vor allem durch die Rechtsprechung entwickelt worden. So muss ein (schriftlich zu schließender) Beherrschungs- oder Gewinnabführungsvertrag in das Handelsregister der abhängigen GmbH eingetragen werden und bedarf grundsätzlich eines einstimmigen (!) Zustimmungsbeschlusses der Gesellschafterversammlung (da es sich um eine den Gesellschaftszweck faktisch ersetzende Satzungsänderung handelt). Auch bei einer herrschenden GmbH muss die Gesellschafterversammlung zustimmen, dort genügt aber analog § 293 Abs. 2 AktG eine Mehrheit von ¾ der Stimmen. Vorteil eines solchen Vertrages ist, dass nach dessen Abschluss auch das Stammkapital angreifende Auszahlungen möglich sind (§ 30 Abs. 1 S. 2 GmbHG). An dessen Stelle tritt aber die Verlustübernahmepflicht analog § 320 AktG.

→ Entscheidungen 127–128

Bei nur **faktischer Konzernierung** ist der Schutzbedarf im GmbH-Recht gerin- **426**
ger als im Aktienrecht: Das Gesetz lässt ausdrücklich zu, dass ein Mehrheitsgesellschafter unter den (gläubigerschützenden) Schranken der §§ 30 f. GmbHG und der (Minderheiten schützenden) Treupflicht unmittelbar seinen Einfluss auch zum Nachteil der Gesellschaft ausübt (zum Weisungsrecht oben Rn. 294). Der einzelne Gesellschafter ist bei Verstößen gegen diese Schranken berechtigt, Schadensersatz zugunsten der GmbH zu verlangen (wenn er sich im Rahmen einer actio pro socio auf die Kapitalerhaltungspflicht stützt, Rn. 151). Auch die Gläubiger können den Anspruch zugunsten der GmbH einklagen, insoweit liegt ein ungeschriebener Fall gesetzlicher Prozessstandschaft vor.

→ Entscheidungen 129–130

Bei **Personengesellschaften** wird der Abschluss von Beherrschungsverträgen **427**
wegen des Verbots der Fremdorganschaft weitgehend abgelehnt. Praktisch verhindert aber schon das Wettbewerbsverbot des § 112 HGB in vielen Fällen Interessenkollisionen.

→ Entscheidungen 131–132

III. „Verschachtelung" von Gesellschaften: Die GmbH & Co KG

428 Die GmbH & Co KG (bzw. die UG (haftungsbeschränkt) & Co KG sowie die Limited & Co KG) haben in der Praxis eine enorme Bedeutung. Sie kombinieren die Vor- und Nachteile der KG als Personengesellschaft und der GmbH als juristische Person: Die Kommanditisten können ihre Anteile formlos übertragen und Beiträge aus der KG entnehmen. Die GmbH haftet mit ihrem („beschränkten") Vermögen unbeschränkt als Komplementär (Rn. 273), während die Kommanditisten nur beschränkt auf ihre Einlage haften (Rn. 238 ff.). Die schwierigen Vorschriften zu Kapitalaufbringung der GmbH (und für Kapitalerhöhungen, Rn. 286) müssen nicht eingehalten werden, wenn stattdessen Leistungen an die KG erbracht werden.

429 Bei der GmbH & Co KG „im engeren Sinne" sind alle Gesellschafter der KG gleichzeitig auch Gesellschafter der GmbH und umgekehrt. Daneben existiert auch die sogenannte **Einheitsgesellschaft**, bei der alle Anteile der Komplementär-GmbH der KG gehören. In der Gesellschafterversammlung der GmbH tritt dann die KG auf, die ihrerseits durch ihren persönlich haftenden Gesellschafter, die GmbH (bzw. deren Geschäftsführer), handelt. Naturgemäß sind hierfür besondere vertragliche Regelungen erforderlich.

430 Bis in die 1970er Jahre sprachen auch **steuerrechtliche Erwägungen** für die GmbH & Co KG. Eine GmbH als juristische Person ist nämlich nicht nur selbst körperschaftssteuerpflichtig, darüber hinaus werden auch die an die Gesellschafter gezahlten Gewinnanteile bei diesen als Einkommen versteuert. Demgegenüber werden die Gewinne der KG als Personengesellschaft nur als Einkommen bei den Gesellschaftern besteuert. Heutzutage sind jedoch die von der GmbH ausgeschütteten Gewinne einkommenssteuerrechtlich begünstigt, sodass *rechnerisch* die Gefahr einer „Doppelbelastung" nicht mehr besteht.

431 Eine GmbH & Co KG kann auf zwei Wegen **entstehen**:

- Ausgehend von einer neu gegründeten oder bereits bestehenden GmbH kann diese (vertreten durch ihren Geschäftsführer) mit ihren eigenen Gesellschaftern oder Dritten eine KG gründen (oben Rn. 226). Dabei kann sogar eine Vorgesellschaft (oben Rn. 263) bereits als Komplementär agieren (dann entsteht eine „GmbH i. G. & Co KG" bzw. „Vor-GmbH & Co KG").

- Umgekehrt kann in einer bereits bestehenden KG (oder OHG) eine GmbH als neuer Komplementär beitreten, während die übrigen Komplementäre ihre Beteiligung in eine Kommanditistenstellung umwandeln (oben Rn. 227) oder austreten (oben Rn. 178).

Schwierigkeiten bereitet die Kombination der beiden Rechtsformen für ein einheitliches Unternehmen immer dann, wenn die Regelungen widersprüchlich sind, etwa bei der Anteilsübertragung, der Beschlussfassung oder bei Geschäftsführung und Vertretung. Diese sind durch geschickte Vertragsklauseln zu lösen. Dabei wird je nach Wunsch der Gesellschafter das Recht der Komplementär-GmbH an dasjenige der KG angeglichen oder aber umgekehrt. **432**

Beispiel: **433**
Einführung des Mehrheitsprinzips in der KG (oben Rn. 229) oder Einstimmigkeit in der GmbH (oben Rn. 302); Vinkulierung der GmbH-Geschäftsanteile (oben Rn. 308) oder Erlaubnis zur freien Veräußerung von KG-Anteilen (oben Rn. 234 ff.).

Bedenklich erscheint die GmbH & Co KG aus Sicht des **Gläubigerschutzes**, da den Gläubigern nicht das Vermögen eines menschlichen Komplementärs, sondern nur die begrenzte Vermögensmasse einer GmbH zur Verfügung steht. Eine erste Schutzebene liegt in der Transparenz durch eine Firma, die dies offenlegt (§ 19 Abs. 2 HGB) und entsprechende Angaben auf Geschäftsbriefen (§§ 125a, 177a HGB). Darüber hinaus finden die Vorschriften für Kapitalgesellschaften zur Insolvenzantragspflicht (§§ 130a, 177a HGB verweisen auf § 15a InsO, oben Rn. 292) und zur Rechnungslegung (§ 264a HGB) entsprechende Anwendung. Die Rechtsprechung geht aber noch weiter: So werden Entnahmen der Kommanditisten aus dem KG-Vermögen teilweise an den §§ 30 f. GmbHG (oben Rn. 281 ff.) gemessen, da die GmbH für Schulden der KG als Komplementär mit ihrem gesamten Vermögen haftet und so Vermögenseinbußen bei der KG mittelbar der GmbH schaden. Schließlich haftet der Geschäftsführer der GmbH gegenüber der KG für Pflichtverletzungen: Sein Anstellungsverhältnis wird als Schuldverhältnis mit Schutzwirkung für Dritte betrachtet. **434**

IV. Unternehmerische Mitbestimmung

435 Eine Besonderheit des deutschen Rechts ist die „unternehmerische Mitbestimmung". In Abgrenzung zur „betrieblichen Mitbestimmung" (nach dem Betriebsverfassungsgesetz) geht es dabei nicht um die Einrichtung von Betriebsräten mit gewissen Mitspracherechten in Personalangelegenheiten, sondern um die Mitwirkung von Arbeitnehmervertretern in Aufsichtsräten oder (bei internationaler Verschmelzung auf eine Gesellschaft ohne ein solches Organ oder bei einer „monistisch" organisierten Societas Europaea, oben Rn. 325) sogar im Leitungsorgan. Dem liegt die Überlegung zugrunde, dass hierdurch die „Treue" zum Unternehmen und letztlich die Effizienz gestärkt wird. Zudem erfolgt so ein Ausgleich zu den oft primär auf zeitnahe Gewinne ausgerichteten Anteilseignern (= Aktionäre, Gesellschafter), deren Risiko durch eine einmalige Einlage begrenzt ist. Ein Arbeitnehmer wird schon zur Erhaltung des eigenen Arbeitsplatzes eher risikoavers handeln.

436 Nach dem „**Drittelbeteiligungsgesetz**" ist in Kapitalgesellschaften (GmbH, AG, UG (haftungsbeschränkt), KGaA) sowie in Genossenschaften und VVaG mit regelmäßig mehr als 500 Arbeitnehmern ein Aufsichtsrat (aus mindestens drei Personen) zu bilden, der zu einem Drittel mit Arbeitnehmervertretern und zu zwei Dritteln mit Vertretern der Anteilsinhaber besetzt ist.

436a Das weitergehende „**Mitbestimmungsgesetz**" greift für die oben genannten Gesellschaften außer dem VVaG ein, soweit regelmäßig mehr als 2.000 Arbeitnehmer beschäftigt werden – in diesem Fall muss der Aufsichtsrat sogar paritätisch besetzt sein; allerdings hat der Aufsichtsratsvorsitzende bei einem Stimmpatt eine zusätzliche Stimme (§ 29 Abs. 2 MitbestG) und wird von den Anteilseignern bestellt (§ 27 MitbestG). Zu den Arbeitnehmervertreter gehören neben Vertretern der Arbeiter und Angestellten auch solche der leitenden Angestellten und Gewerkschaftsvertreter. Diese Form der Mitbestimmung betrifft derzeit rund 700 Gesellschaften. Soweit eine AG oder GmbH persönlich haftende Gesellschafterin einer KG ist, werden ihr unter bestimmten Umständen Arbeitnehmer der KG zugerechnet (§ 4 Mitbestimmungsgesetz).

436b Schließlich gibt es noch die **Montanmitbestimmung**, die für Unternehmen in den Bereichen Bergbau, Eisen und Stahl mit mehr als 1.000 Mitarbeitern gilt; betroffen sind rund 30 Unternehmen.

Schwerwiegend wirkt die Mitbestimmung vor allem auf die **Struktur der GmbH**: Es ist nicht nur zwangsweise ein Aufsichtsrat zu bilden, auch die Kompetenzen der Gesellschafterversammlung werden erheblich eingeschränkt: Soweit das Mitbestimmungsgesetz oder die Montanmitbestimmung eingreifen, werden die Geschäftsführer einer GmbH nicht mehr von der Gesellschafterversammlung, sondern vom Aufsichtsrat bestellt und abberufen (d. h. §§ 84 f. AktG gelten entsprechend). Außerdem muss ein Arbeitsdirektor bestellt werden (§ 33 MitbestG), der darüber hinaus vollwertiger Geschäftsführer ist. Nach dem DrittelbG beschränkt sich die Aufgabe des Aufsichtsrats in der GmbH (bzw. UG (haftungsbeschränkt)) vor allem auf eine Aufsichtstätigkeit analog § 111 Abs. 1 AktG und die Prüfung des Jahresabschlusses (§ 171 AktG), hat jedoch keinen Einfluss auf die Bestellung oder Abberufung der Geschäftsführer. **437**

Schwierigkeiten bereitet die unternehmerische Mitbestimmung bei internationalen Sachverhalten. Deshalb existieren für die SE (oben Rn. 3) und die SCE (oben Rn. 391) jeweils eigene (von den Mitgliedsstaaten umzusetzende) Richtlinien zu dieser Frage. Auch die Richtlinie über die grenzüberschreitende Verschmelzung (oben Rn. 409) setzt sich mit dieser Problematik auseinander. Die entsprechenden EU-Vorgaben sehen primär ein Verhandlungsverfahren vor, durch das die Betroffenen selbst eine angemessene Lösung finden sollen. Nur wenn dieses scheitert, greift eine durch die Mitgliedsstaaten zu bestimmende Auffangregelung. In Deutschland ist dies für eine SE mit Sitz in Deutschland das SE-Beteiligungsgesetz, für die SCE das SCE-Beteiligungsgesetz und für eine internationale Verschmelzung einer ausländischen auf eine inländische Kapitalgesellschaft das Gesetz über die Mitbestimmung der ArbN bei einer grenzüberschreitenden Verschmelzung (MgVG). **438**

V. Rechtsformwahl

Abschließend soll noch einmal zusammengefasst werden, welche Merkmale für die wichtigsten Gesellschaften charakteristisch sind: **439**

	GmbHUG (haftungsbeschränkt)	GbR	OHG	KG	AG
Gründung	Notar	Formlos	Formlos	Formlos	Notar
Register	Ja	Nein	Ja (aber nicht Wirksamkeitserfordernis)	Ja (sonst: OHG/GbR)	Ja
Zweck	Beliebig	Kleingewerbe, Freier Beruf, Privat	Gewerbe, Verwaltung eigenen Vermögens	Gewerbe, Verwaltung eigenen Vermögens	Beliebig
Haftungsumfang	Nur Einlage	Unbeschränkt	Unbeschränkt	Komplementär: unbeschränkt; Kommanditist: beschränkt	Nur Einlage
Haftung gegenüber	Grds nur Ges.	Gläubiger/ Ges.	Gläubiger/ Ges.	Gläubiger/ Ges.	Nur Ges.
Organe	Gesellschafter/Dritte (Aufsichtsrat nur bei großen Unternehmen)	Nur Gesellschafter	Nur Gesellschafter	Nur Gesellschafter	Gesellschafter /Dritte (Aufsichtsrat zwingend)
Vertretung	Nicht beschränkbar	Beschränkbar	Nicht beschränkbar	Nicht beschränkbar	Nicht beschränkbar
Geschäftsführung	Geschäftsführer/Weisung der GesV	Grds. alle Gesellschafter (Abweichung möglich)	Grds. jeder allein (Abweichung möglich)	Grds. jeder allein (Abweichung möglich), nicht Kommanditist	Vorstand „in eigener Verantwortung“
Beschlüsse	Mehrheit	Einstimmig	Einstimmig	Einstimmig	Mehrheit
Übertragung der Beteiligung	Frei (Vinkulierung möglich); Notar	Einstimmig; formlos (Abweichung möglich)	Einstimmig; formlos (Abweichung möglich)	Einstimmig; formlos (Abweichung möglich)	Frei (Vinkulierung möglich); formlos
Verwaltungsaufwand	Mittel (Notar, Register)	Gering (keine Formalia)	Gering (keine Formalia; Register)	Gering (keine Formalia; Register)	Hoch (Notar, Register, externe Prüfung
Gesellschaftsvermögen	Eingeschränkte Bindung	Frei	Frei	Frei	Strenge Bindung

→ Detaillierte Übersicht zur Rechtsformwahl

Stichwortverzeichnis

Die Ziffernangaben beziehen sich auf die Randnummern des Buches.
Die Stichworte beziehen sich z. T. auf die in der entsprechenden Randnummer genannte Datei (CD).